郭艺 主编

浙江省级 文化遗产

余杭滚灯

代表性传承人

述史丛书

【汪妙林】卷

陈顺水 编著

浙江人民美术出版社

序　言

　　国家级非物质文化遗产代表性传承人抢救性记录是新时期非物质文化遗产保护的一项重要工作。自 2015 年起，国家级非物质文化遗产代表性传承人抢救性记录工程全面启动，针对非物质文化遗产代表性传承人，采用数字化多媒体等现代信息技术手段，进行人物访谈、传承实践、带徒教学的全方位记录，并对已有文献资料进行搜集整理，建立传承人专项数据库，将记录成果编纂成书。

　　国家级非物质文化遗产代表性传承人掌握着丰富的知识与精湛的技艺，是历史文化的重要承载者和传递者。代表性传承人所承载的精湛技艺、实践经验、文化记忆和传承能力，是非物质文化遗产传承发展的核心内容与动力来源。由于代表性传承人在非物质文化遗产传承中的核心作用与不可替代性，加之国家级代表性传承人普遍年事已高，对他们及其技艺的记录任务尤为紧迫。全面、真实、系统地记录国家级非物质文化遗产代表性传承人掌握的知识和技艺，不仅可保留中华优秀传统文化基因，也为后人研究、宣传、利用非物质文化遗产留下宝贵资料，对传承和弘扬传统文化、构建中华优秀传统文化传承体系具有重要意义，这是一项与时间赛跑的工作。

　　将抢救性记录中的口述访谈内容梳理转化成口述史，这是一项极为繁重的工作，不仅要保留口述真实的特点，还要强调语言文字的严谨。该套丛书是浙江在开展国家级非物质文化遗产代表性传承人抢救性记录工作的基础上，组织专家、专业人员撰写的。在编纂过程中，既尊重传承人口述的真实性，又兼顾可读性，在不改变传承人原意的前提下对文字进行了部分调整。

　　该套丛书以传承人为单元，一人一书，单独成卷。从传承人第一人称口述的角度，记录国家级非物质文化遗产代表性传承人传承实践的丰富历程，讲述他们多彩的人生故事。该书还对传承人所属的项目进行介绍，从文化价值、存续状况、传承保护等方面叙述项目的基本情况，从生平事迹、学艺师承、授徒传承等角度阐述传承人的生平经历。丛书的重点定位在传承人的从艺经历、实践经验、传承状态等内容，此外，与传承人相关的人员分别从不同角度多层次地补充了传承人的经历。书中还附有传承人个人年表、文献图录等，提升了丛书的学术价值。

该套丛书由浙江省非物质文化遗产保护中心主持编纂，组织非物质文化遗产专家、文化学者、出版社编辑等讨论丛书的框架、体例、版式；丛书分卷作者用心编撰书稿，反复斟酌文字，不厌其烦地查阅资料、核对内容；代表性传承人及其家人也积极主动参与了丛书的编撰过程。各方的共同努力，终于促成了该套丛书的付梓。

我们相信，"浙江省国家级非物质文化遗产代表性传承人口述史丛书"能为非物质文化遗产保护工作者、研究者铺路搭桥，提供丰富、翔实、鲜活的第一手资料，同时也希望记录成果能更好地发挥作用，让非物质文化遗产的保护成果惠及大众，为社会共享。

丛书编委会

目 录

第一章　项目概况

　　滚灯起源于竞技强身，后来演变为带有杂技、竞技性的民间舞蹈。滚灯舞蹈即以毛竹片编扎成的圆形球体为主要道具，配以人体动作，进行滚、抛、掷、腾、举、跳、旋、推等动作表演，呈现阳刚之气和力量之美，极具观赏性。

　　"余杭滚灯"起源于杭州市临平区翁梅一带，原称"翁梅滚灯"或"临平滚灯"。2006年，"余杭滚灯"被列入第一批国家级非物质文化遗产代表性项目名录。

国家级非物质文化遗产——余杭滚灯（谢伟洪提供）

一、兴衰有时

　　据现有资料表明，滚灯至晚产生于宋代。南宋时期，钱塘江北岸的翁梅、乔司、临平一带的滚灯活动已经十分流行。每逢当地庙会和节俗时，滚灯表演作为重要的迎神赛会和娱乐项目，必定呈现在群众面前。南宋王朝定都临安（今杭州）后，人物凑集，商业发达，经济繁荣，百姓生活安宁，因此，岁时礼仪等风俗日趋繁盛和精细。同时由于宋室南渡，中原文化传入南方，包括滚灯在内的各种民间艺术在杭州城乡流传发展。南宋诗人范成大在《上元纪吴中节物俳谐体三十二韵》的五言长诗中，有"掷烛腾空稳，推球滚地轻"一句，说的就是滚灯表演的情景。至于诗里说的是不是翁梅的滚灯，则难以肯定，但至少可以说明，滚灯至少已有800多年的历史。

翁梅滚灯的起源，当地民间有多种说法，比较普遍的一种说法是，舞滚灯是为了强身健体，抗击入侵的海盗。唐宋时期，翁梅、乔司一带紧邻钱塘江北岸，江滩辽阔，很多乡民利用钱塘江水在江滩上煮盐或晒盐，在钱塘江畔形成了十多个大大小小的盐场，盐业收入成为他们的主要经济来源。制盐业的迅速发展，带动商贸业兴盛，当地很快成了繁荣富庶之地，这也引来海盗的频频入侵。海盗每次来犯，都掠夺乡民财富，损坏居民房屋，使民众生活变得鸡犬不宁。

为了抗击海盗入侵，当地乡民想了很多办法。其中有一位篾匠用毛竹制作成几个大圆球，在大球里面装一个小球，可以点蜡烛。这球有六七十斤重，既会发光，又可以在地上滚动，称为"滚灯"。村民天天用这滚灯进行操练，乡里还不时举行甩滚灯比赛。有一次，海盗乘夜色入侵此地时，看到乡民在舞动偌大的球，呼呼有声，还会发出光亮，猜不透这是一种什么新式武器，被吓得从此不敢再来侵犯了。乡民觉得这滚灯能够给他们带来安宁，因此舞滚灯的习俗也就在乡民中传承了下来。

明清时期，翁梅、乔司一带于每年农历五月十六举行庙会，谓之"元帅庙会"，是为纪念一位舍身救人的书生。庙会时，众多民间艺术团体纷纷参加出会巡游，其中滚灯是必出的项目，滚灯在巡游队伍前面开道，边舞边走，让围观的人群自然向两边散开。

晚清时，滚灯还常在临平镇元宵灯会活动中出场表演，引人入胜。曾寓居临平史家埭和马家弄近三十年的国学大师俞樾先生，每逢元宵灯节时便登楼观灯，俯视这熙来攘往的热闹景象。他在晚年写的《自述诗》中回忆道："年年史埭度元宵，笑倚楼头兴最饶。青白两龙才过去，滚球灯又到潘桥。"这滚球灯实际上就是翁梅滚灯。

翁梅滚灯在发展中曾经出现"文灯"和"武灯"两种。文灯用红布包裹滚灯中间的小灯，分量为六七十斤，以表演技巧为主。武灯用黑布包裹滚灯内的小灯，在滚灯上再加铁链，重达一百多斤。武灯用于比试力气，看谁在滚灯上加的铁链多、分量重，而且能舞起来，那这只滚灯就归他所有了。如此一来，推动了滚灯表演技巧的发展。至清朝末期时，滚灯表演动作逐渐丰富，基本形成了九套二十七个动作的表演程式。

余杭滚灯漫画

  民国时期，政府为防止社会动乱，禁止庙会活动，加上老百姓生活贫困，因此翁梅元帅庙会停止举办，滚灯表演也逐渐式微。至新中国成立前，翁梅一带滚灯活动已经难觅踪迹。

  新中国成立后，杭县（临平原属杭县）文化馆成立，同时建立了临平镇文化站。文化馆、站干部发动群众，教唱歌曲，组织群众开展民间艺术活动，翁梅滚灯也再次在村里舞动了起来。

  1962 年，临平镇文化站干部张长工，从相关资料中看到翁梅、乔司一带曾经有滚灯这项民间艺术，认为这是宝贵的文化遗产，便赴当时的翁梅乡调查采风。就在那一次，他在翁梅乡西安村看到有人（即汪妙林）站在板凳上甩滚灯，如获至宝，便连忙拿起相机，拍下了这一难得的镜头。之后，他在翁梅乡人民政府的支持下寻访滚灯艺人，很快组成了一支有四五人参加的滚灯表演队。从此，中断近 20 年的翁梅滚灯又恢复了起来。

  1964 年国庆节，翁梅乡滚灯队来到余杭县县城临平镇，参加庆祝新中国成立十五周年的民间艺术踩街活动。久违的滚灯表演让临平观众兴奋不已，沿途数万群众驻足观看，拍手称好。

  1966 年"文化大革命"开始后，滚灯也与其他许多民间艺术一

20 世纪 80 年代，翁梅滚灯在临平镇北大街踩街表演（谢伟洪提供）

样遭到禁锢，滚灯表演艺人或将竹制的滚灯烧毁，或偷偷地藏了起来，一度活跃起来的滚灯又被迫中断表演。

改革开放后，翁梅滚灯再度慢慢活跃起来。1981 年，翁梅滚灯参加杭州市元宵节民间艺术大串演，正在杭州的中央领导彭真也来到现场观看。

20 世纪 90 年代初，余杭县（市）文化部门将滚灯作为全县特色文化项目进行培育发展，在 15 个乡镇建立滚灯表演队伍，并连续举办四届全县滚灯表演比赛，极大地推动了滚灯艺术的普及发展。也就是从那时开始，"翁梅滚灯"改称"余杭滚灯"。

1995 年后，余杭滚灯既有男子表演的大滚灯，也有女子表演的小滚灯，既有在村头巷尾表演的，也有登上舞台表演的，产生了多个版本的滚灯表演模式，掀起了滚灯活动的群众性热潮。

1997 年，全国第六次万里边疆文化长廊建设现场会在杭州举办，余杭滚灯表演队参加了其中的浙江"东海明珠"大型文艺晚会，因精彩的表演而获得金奖。从此，余杭滚灯名声大振。1999 年 10 月 1 日，余杭滚灯代表浙江省赴北京参加在天安门广场举行的庆祝中华人民共和国成立五十周年大型联欢晚会表演。2000 年，余杭滚灯获首届全国"山花奖"广场民间舞蹈大赛的"金桂花奖"和全国群众文化"群星奖"。

2005 年，我国非物质文化遗产保护工程实施以后，余杭滚灯乘

翁梅滚灯在街头表演

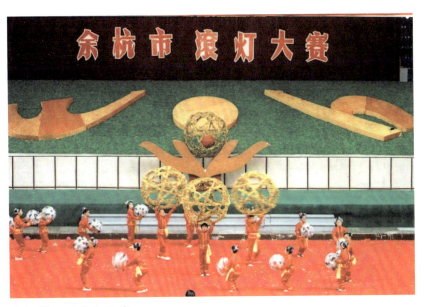

余杭第一届滚灯大赛

势而上，有关方面对其历史渊源、表现形式、传承发展等情况作了深入调查。滚灯表演在推广普及的基础上得到了提升发展，建立了滚灯传承基地，成立了业余滚灯艺术团，开展群众性滚灯操活动。

　　2006年，余杭滚灯被列入第一批国家级非物质文化遗产代表性项目名录。从此，余杭滚灯表演者不仅参加了国内大型文化体育活动

1997年9月，余杭滚灯参加全国第六次万里边疆文化长廊建设现场会浙江"东海明珠"大型文艺晚会

滚灯表演场景

2000 年，余杭滚灯参加首届全国"山花奖"广场民间舞蹈大赛，并荣获"金桂花奖"

表演，而且多次赴国外表演，向世界传播中华优秀传统文化。

二、举旋飞腾

余杭滚灯是以滚灯为道具，进行跳、滚、掷、抛、旋、推、举等动作表演的竞技性民间舞蹈。滚灯表演可以单人进行，也可以数人集体表演。早期滚灯表演时，无锣鼓音乐伴奏，属静场表演，体现粗犷之气和力量之美。新中国成立后，滚灯表演加入锣鼓伴奏。改革开放后，滚灯在舞台表演时采用民间音乐伴奏。

表演者手中的主要道具滚灯，一般用 10 根（也有用 12 根的）宽度 3.5 厘米左右、厚度 1 厘米左右的毛竹片编扎而成，为球形体。竹篾交叉处呈五角星形，方便表演者手抓滚灯。滚灯分大、中、小三种，大的直径可达 120 厘米，小的也有 95 厘米左右，大球中心又装一小球，可置灯烛，用红布或黑布包裹。红布包裹的称"文灯"，又称"红心灯"；黑布包裹的称"武灯"，又称"黑心灯"。黑心灯用来比试舞者的力气大小。村坊拥有黑心灯，便意味着该村坊人多、力强、本领高。红心灯为常用的表演滚灯。

滚灯全套表演由九套二十七个动作组成，每个动作难度各不相同，有重技巧的，有重力度的，还有兼具技巧和力度的，可根据各人所长，因人而异地选择表演动作。二十七个动作，每个动作均有专用

站在滚灯表演动作"关平捧印"

名称，如"鳓皮戏滩""关平捧印""张飞跨马""霸王举鼎""白鹤生蛋""蜘蛛吐丝""王祥卧冰""苏秦背剑"等。其中，"白鹤生蛋""蜘蛛吐丝"表演的难度最大，既要力气，又要技巧，非经过三五年训练者不能完成。

滚灯单人表演时，表演者先举灯出场，或者先将滚灯放置在场地中央，表演者打"虎跳"出场。一般先做滚灯缠腰动作，即手持滚灯在腰间前后旋转，然后按一定程序进行表演。舞蹈时，除不停地上、下、左、右旋转灯外，还要围着灯打"虎跳""旋子"等翻滚动作，辅之以"晃手""涮腰""踏步翻身"等古典舞动作。

集体表演时，表演者分两队从场地两侧举灯入场，至场地中央时，先相互交叉，再走队形成外八字或一字形排开，然后一起滚灯落地。接着由一人单独表演一套动作后，急速下场。表演时，人换灯不换，第二人再表演另一套动作，随后其他人一起按先易后难的顺序表演。当表演到第二十六个动作后，三人将三只大滚灯拼摆成一个三角形，在上面再叠上一个大滚灯，一男童或青年爬上最上面的滚灯，做"金鸡独立"或倒立动作。最后是"开荷花"，即里层的表演者踏着同一节奏，按逆时针方向原地转动；外圈表演者高举滚灯，按顺时针方向行进，同时将滚灯向外伸展，呈荷花开放之势。

站在滚灯上表演缠腰动作，也称"开荷花"

古时，滚灯表演者头扎白毛巾，身穿武士服、绑腿裤，系黄色腰带。锣鼓伴奏以《急急风》为主，并即兴配以《走马锣》《七字锣》，以烘托紧张气氛。

滚灯舞蹈具有动作套路多样性、表演竞技性、形式灵活性等特点。九套二十七个动作花式多样，可看性强；每套动作均具有较强的竞技性；表演时因人而异，因地而异，动作可多可少，非常灵活。

三、滚滚向前

余杭滚灯从起源开始，传承渠道主要有两种：一是以家族（家庭）为基础，父传子，子传孙，或者叔伯与侄子之间相传，一代代地、手把手地传承；二是以村坊为基地，老一辈舞滚灯的人传给新一代喜欢滚灯的人，在一定范围内进行群体性传承。

新中国成立前，余杭滚灯大多由民间滚灯艺人进行单独传承，因此传承面比较窄，甚至往往出现断代的情况。

新中国成立后的一段时间内，村民生活还比较贫困，加上传统的民间艺术缺少相应的支持，因此余杭滚灯曾一度中断传承，直至1964年，翁梅乡滚灯队恢复活动。可是好景不长，"文化大革命"时期，刚刚活跃的翁梅滚灯又遭禁锢。

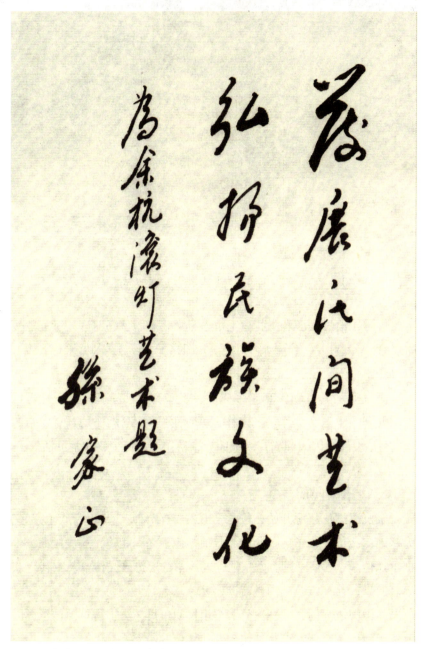

为展民间艺术

弘扬民族文化

为余杭滚灯艺术题

孙家正

原文化部部长孙家正为余杭滚灯题词

改革开放的春风，使包括滚灯在内的一大批优秀传统民间艺术获得新生。20 世纪 90 年代，滚灯除了保留家庭式传承和村坊传承形式外，还举办滚灯表演培训班，培养了一大批滚灯表演队伍，使滚灯舞蹈在余杭境内普及发展。

与此同时，余杭文化馆在男子滚灯发展的基础上，编排女子滚灯舞蹈表演，形成男子滚灯与女子滚灯共同发展的新格局。

2005 年后，余杭区在原翁梅乡和中泰武术学校建立了两个滚灯

农村妇女舞滚灯

少年滚灯表演

传承基地，传承队伍进一步扩大，同时通过培训，提升滚灯表演水平。2008年，余杭滚灯参加北京奥运会开幕式前文艺表演。此后，余杭滚灯频频参加国内大型文化活动，并且先后赴法国、巴西、美国、新西兰等国家和地区开展文化交流活动。

余杭滚灯（翁梅滚灯）经历了岁月的沧桑，依然生机勃勃。如

2004年2月，余杭滚灯表演队代表浙江省出访法国尼斯进行文化交流（杭州市临平区文化馆提供）

2008年8月，余杭滚灯参加北京奥运会开幕式前文艺表演，图为表演前训练的场景

今，在老一辈传承人的不懈努力下，余杭滚灯既保留了传统滚灯表演的精髓，又在社区、学校、军营等群体中传承发展，舞滚灯成为广大群众追求品质生活、强身健体的一项常态化娱乐活动，融入了百姓的生活。滚灯那一束明朗的光，暖暖地照亮滚滚向前的路。

第二章　人物小传

汪妙林，男，1945 年出生，祖籍绍兴，现居杭州市临平区南苑街道西安社区。2012 年，被文化部（今文化和旅游部）认定为国家级非物质文化遗产"余杭滚灯"代表性传承人。

汪妙林一家世代务农，又是舞滚灯世家。祖父汪阿长在绍兴居住时，就是村里出名的舞滚灯能手，后来举家迁至钱塘江北岸后，他把舞滚灯技艺传授给汪妙林的父亲汪生洪和小叔叔。汪妙林的父亲和小叔

汪妙林

叔在传承舞滚灯基本动作的基础上，还发展出许多难度高技巧性强的动作。

汪妙林受家庭影响，从小喜爱滚灯。他八岁上学读书，放学后一边割羊草，一边摆弄滚灯动作。十六岁初中辍学后，回家参加田间劳动，晚上在父亲和叔叔的指点下，开始学习舞滚灯的基本动作。

汪妙林学习舞滚灯有一股韧劲，不怕吃苦。他十七八岁时，跟随小叔叔学习"白鹤生蛋""蜘蛛吐丝"等难度大的舞滚灯动作。练习"白鹤生蛋"时，人要双脚伸展开，从直径 1.5 米的滚灯上跃过去，然后再把滚灯从背后举起来。这全凭双手把握滚灯上的支撑点以及跳跃的高度。汪妙林在开始学习这一动作时，由于手在滚灯上支撑的位置没有把握好，人扑过去以后，头先着地了，磕得鼻青脸肿。可是他

汪妙林表演滚灯

汪妙林与滚灯结下深厚的情缘

仍旧坚持练习，直到准确掌握为止。

汪妙林学习"蜘蛛吐丝"表演动作时，更是吃足了苦头。做这个动作时，要用牙齿咬住一头系着滚灯的绳子，让滚灯在胸前连人带球不停地旋转。由于离心力，旋转的滚灯的分量会比原来重好多。他每次练习时，咬得牙齿直发酸。可是，他始终牢记小叔叔的话："牙齿要死死咬住绳子不放松，否则滚灯会往外面飞出去，还会将牙齿连根拔出。"就这样，他学会了"蜘蛛吐丝"这个难度极高的动作。

汪妙林十九岁时，便掌握了舞滚灯表演的全套动作，在当地颇负盛名。有一次，生产队的晒谷场上围着好多人，有人指着一条板凳对汪妙林说："你如果能站在板凳上甩滚灯，就算你本事大了。"毛头小伙汪妙林二话没说，跑回家里拿来一只大滚灯，站在高80厘米、宽20厘米的板凳上，"嚓嚓"地让滚灯在身前身后飞快地旋转，人仍稳稳地站在板凳上，围观的人群齐声叫好。正巧，他站在板凳上舞滚灯的情景，被前来采风的文化干部张长工用相机拍了下来，成为一份宝贵的历史资料。

二十岁后，汪妙林为了挣钱，学做泥水工，常外出给人家造房子。每天做工回来，吃过晚饭，他就到村里的小伙伴家里一起练习舞滚灯。有时，他还跟着小叔叔到临平街上观看庆祝商店开张的舞滚灯表演。

汪妙林二十三岁结婚成家，后来生有一女二子，均在农村务农。

汪妙林年轻时站在板凳上舞滚灯（张长工摄）

在家庭负担重、生活拮据的情况下，他仍旧不放弃舞滚灯，因为他从心底里喜欢滚灯。

"文化大革命"开始后，当地每年农历五月十六举行的元帅庙会被禁止，滚灯作为庙会必出项目也被取消。汪妙林把心爱的滚灯藏了起来，有时只能晚上一个人偷偷地舞几下，过过瘾。

党的十一届三中全会召开后，群众文化又开始活跃。汪妙林把藏着的滚灯重新拿了出来。在乡文化站的组织下，以他为主要骨干成立了翁梅乡滚灯队。之后，他随乡滚灯队参加县里、市里的民间艺术展示活动，还去杭州参加中日青年友好联欢活动。

我国新世纪非物质文化遗产保护工程实施以后，汪妙林主动协助县文化部门开展对滚灯历史渊源和现状的调查，还应省、市、县各级组织和中央电视台邀请，多次外出表演舞滚灯，扩大了余杭滚灯在省内外的影响力。

六十岁后，汪妙林热衷于滚灯的传承与教学，把舞滚灯技艺和全部套路传授给了儿子汪永华。汪永华也成为村里少数能表演"蜘蛛吐丝"等高难度动作的人之一。同时，他还培养读初中的孙子学习舞滚灯，形成一家三代共舞滚灯的浓厚氛围。

汪妙林始终坚持把传统的滚灯技艺传承下去。他认为，传承滚灯艺术，必须坚持三条：一是要使用传统的大滚灯；二是要原汁原味地传承滚灯表演技艺；三是滚灯表演要有阳刚之气。为此，他在自己所居住的南苑街道西安社区动员许多青年，建立社区滚灯队，他自己担

余杭滚灯表演场景

任滚灯队指导，传承传统的滚灯表演技艺。

　　七十岁后，汪妙林仍致力于滚灯的传承发展。他应邀到临平山上的驻军部队和临平第一中学担任滚灯教学辅导员，成立战士滚灯队和学生滚灯队。在教学中，对滚灯表演出场与结尾作了进一步研究和创新，增加了表演的丰富性和可看性。

　　2009年，汪妙林被浙江省委宣传部、浙江省文化厅（现浙江

汪妙林接受媒体采访

2009年，汪妙林被浙江省委宣传部、省文化厅、省文联确定为首批浙江省"优秀民间文艺人才"

媒体报道汪妙林传承滚灯的事迹

省文化广电和旅游厅）、省文联确定为首批浙江省"优秀民间文艺人才"。

进入老年后，除了传授教学滚灯动作外，汪妙林还加入了社区和区里的老年门球队，经常外出参加老年门球比赛。他说，这样既充实老年生活，也锻炼身体，到时还能舞几下滚灯。虽然年近八十，但他身板仍然硬朗，经常参加区、市、省级非物质文化遗产展示展演活动，并荣获省文化和旅游厅授予的浙江传统舞蹈传承"特别贡献奖"。

一只用毛竹片编扎的滚灯，凝结着汪妙林的青春汗水和老年追求，有欢乐，也有惆怅，有付出，也有收获。他唯一希望的是，古老的滚灯艺术能像"白鹤生蛋"那样，生生不息，传承久远！

第三章　口述访谈

访谈时间：2019 年 11 月 30 日、12 月 1 日、12 月 7 日
访谈地点：杭州市临平区南苑街道西安新苑东区汪妙林家里
受访者：汪妙林
采访者：陈顺水

汪妙林（右一）接受口述访谈

一、我生在一个滚灯世家

采访者：老汪，你是国家级非物质文化遗产"余杭滚灯"代表性传承人。现在，文化和旅游部正在进行国家级非物质文化遗产代表性传承人记录工作。今天，我们在你家里主要围绕你的家庭背景、艺术生涯，你在滚灯艺术的实践、传承教学等这些情况做一次访谈。

汪妙林：好的。

采访者：老汪，你家原来在钱塘江边，据说这里很多人家是从江对面迁过来的。那你的祖辈是哪里人？

汪妙林：我的祖先原来是居住在绍兴前清的。我小时候常听我爸爸说起，绍兴那里常发洪水，经常决堤，我们家的房子几次被洪水冲垮。后来我爷爷他们挑了一担（家当），迁到了钱塘江北边的海宁县翁家埠，就是在翁梅的东面一点。

采访者：你们在海宁翁家埠那里待了几年？

汪妙林：在那里待了三四年，后来搬到了余杭县翁梅乡西安村，就是现在的临平水景城后面一点。

采访者：听说你爷爷在绍兴的时候就能甩滚灯了。

汪妙林：是的，我也听说爷爷他们居住的村里有几个人经常抽空在一起互教互学滚灯的，而且是大滚灯。原来的大滚灯和现在的（大滚灯）基本是一样的，一直没什么变化。因为这大滚灯太重了，所以（爷爷）只有三四个动作好（能）做。

采访者：你爷爷叫什么名字，你记得吗？

汪妙林：我爷爷叫汪阿长。

采访者：那么你爷爷到了翁梅之后，还甩滚灯吗？

汪妙林：他后来年纪大了，就教我父亲和小叔他们甩滚灯，教教两个儿子。我们这个家就这样一代一代传承滚灯的，所以有人说我们这个家是甩滚灯的世家。

采访者：你爷爷生育了几个子女啊？

汪妙林：我爷爷一共生了四个儿子，第二个早就没有了，就剩下了三个。我父亲是老三。

采访者：你父亲叫什么名字？

汪妙林：父亲叫汪生洪。

采访者：后来你父亲这三弟兄当中谁滚灯甩得最好？

汪妙林：我小伯（叔叔）甩得最好，因为他力气大。以前甩滚灯一定要用力气的，没有力气甩不动的。

采访者：那当年你父亲教了你哪些滚灯的表演动作？

汪妙林：我父亲就教了我"白鹤生蛋"和"蜘蛛吐丝"。那时，他主要教了我一些甩滚灯的诀窍。因为那时候我力气有的呀，大滚灯、小滚灯都可以甩。学滚灯这东西，一定要力气大。以前讲起来一定要力气大才行。

采访者：听说你爷爷过世得蛮早的，是什么原因去世的？

汪妙林：现在说起来，就是为了几百块钱。那个时候，我们这里紧靠在钱塘江边，许多人家用钱塘江水煮盐。我家也是煮盐卖盐的，富了点，家里就来了强盗。

采访者：这里过去强盗蛮多的吗？

汪妙林：是的，那时候强盗蛮多的。我爷爷就是被来抢劫东西的强盗弄死的。我爷爷被强盗用钢丝绑住他的脚，再用力压下去，把他的腿骨头压断了，后来治不好，就去世了。

采访者：翁梅这里靠近钱塘江，过去海盗经常来抢掠，所以你们这个村坊为了抗击海盗就发展起滚灯来了，是这样吗？

汪妙林：翁梅有滚灯是很早了。年纪大的人传下来说，这里（翁梅）、翁家埠一带靠钱塘江边，原来是晒盐的，经济收入比较好一点，钱塘江上的海盗经常来抢掠。这里的民众用滚灯来展示村坊实力强大。这么大的滚灯，海盗见到以为是什么新式武器，想到这里的人能把这么大的滚灯舞动起来，力气一定很大，心里慌了，就不敢再来了。后来日本侵略中国，日本人叫倭寇吧，人蛮小的，还没有滚灯高，看到这东西也不知道是什么，也不敢来。

采访者：那么，你家舞滚灯是从你祖父传承下来，传到你父亲、小伯（叔叔），现在你家里还有多少人会甩滚灯？

汪妙林：现在除了我，我儿子会甩，我孙子也会甩几下了。

采访者：你小伯（叔叔）还在吗？

汪妙林：小伯不在了，已经去世了。

采访者：也就是说，现在你的上一辈都不在了，传到你，你再传给你儿子和孙子。

汪妙林：我把儿子教会了以后，就教孙子。孙子他现在基本上也会甩了，他还在读书，星期天我教教他，他现在还只能甩一个动作。

采访者：你孙子几岁了？

汪妙林：十四岁了，读初中二年级了。

二、滚灯有红灯黑灯之分

采访者：老汪，这里的滚灯开始发展的时候，有没有什么门派之分的？

汪妙林：门派倒是没有的。以前讲起来为啥没有门派？因为滚灯这个东西就是要力气的，力气大，就能甩滚灯，没有力气甩不动的。

采访者：一个滚灯有多重呢？

汪妙林：以前最大的滚灯直径1.8米左右，用新鲜毛竹做的，有七八十斤重。因为重呀，所以过去滚灯的动作蛮少蛮少的。蛮重的嘛，怎么做（那么多动作）呢？能甩"白鹤生蛋""蜘蛛吐丝"已经蛮好蛮好了，这两个动作难度特别高。

采访者：甩滚灯要力气的，那么是只传给男的，不传给女的吗？

汪妙林：是的呀，女的拿也拿不动（滚灯），甩也甩不动，一定要成年男人力气大的才能甩。小灯是可以的。

采访者：甩滚灯什么动作难度最大？

汪妙林："白鹤生蛋"和"蜘蛛吐丝"这两个动作难度最大。"白鹤生蛋"做的时候，人要从大滚灯上面跨过去，再把滚灯背起来。滚灯大，跨过去很难的，弄得不好人要扑在地上，牙齿都被磕掉。"蜘蛛吐丝"是用根绳子在滚灯上吊牢，用牙齿咬牢绳子一头，再把滚灯转起来，全凭牙齿咬住，难度很大的。

采访者：我听说你们这里滚灯分红心灯和黑心灯，是这样吗？

汪妙林：是有红心灯和黑心灯两种。大滚灯中心有个小球，小球用红布包的称红心灯，也叫"文灯"，只用来表演表演，就是蛮文气的。红心灯也有很大的，也要有相当的力气才能甩起来，一般的人也是甩不起来大的滚灯。后来红心灯表演的动作也多了。动作多么，大滚灯又很重，就要有力气甩。原来的滚灯直径1.2米，加上动作多，也很难表演，只有做缠缠腰、举举滚灯的动作。

采访者：那黑心灯是什么样的呢？

汪妙林：黑心灯是这样的，就是滚灯里面的小球是用黑布包起来的，叫黑心灯，也称为"武灯"。黑心灯在1949年前是有的，后来取消掉。因为黑心灯甩的时候可以在滚灯毛竹片上用铁链绑起来，你自己有多少力气就绑多少重。比如你有150斤可以加，就加到最重为止，甩不动为止。出去表演一般是在庙会时候，人很多呀，人山人海，这时候别人也有能甩得动这滚灯的，如果别人能甩得动这只滚灯，就可以把这只滚灯抢去。这一抢就要打架伤人了。因为黑心灯是可以被抢走的，这样就经常引发争吵，所以后来就把黑心灯取消掉了。

采访者：黑心灯是可以抢的？

汪妙林：对，黑心灯可以抢的。有人甩得起来，还能比别人甩得分量重，就可以把这只滚灯抢去，甩不起来的就抢不来的了。这就是赌力气，这样就会因滚灯抢来抢去而吵架。

采访者：新中国成立以后，黑心灯还有吗？

汪妙林：新中国刚刚成立的时候，黑心灯还是有的，后来就逐步取消掉了，就剩下红心灯了。因为不安全，夺来夺去就打起来了，经常吵架，所以黑心灯被取消掉了。

采访者：还有为舞滚灯而吵架的事情？

汪妙林：是的，经常吵架，一个村坊和一个村坊为抢滚灯而吵架。因为有人说："一只黑心灯他能甩得动，我怎么也不相信。"这样就吵起来了。

三、练"白鹤生蛋"磕掉牙齿

采访者：老汪，你今年几岁啦？

汪妙林：我是 1945 年出生的，今年七十五岁，虚年龄。

采访者：你甩滚灯是哪一年开始的，还记得吗？

汪妙林：我虚年龄十六岁时开始甩滚灯。我那时候务农嘛，白天在田里劳动，利用黄昏头（晚上）时间，我到新丰村去，和陈某某两兄弟一起学甩滚灯。他们两兄弟在黄昏头扎了个滚灯。这样，我们就常在黄昏头和村里几个小伙子一起练习甩滚灯，慢慢就学会了。

采访者：你们当时练些什么动作？

汪妙林：当时就是练习些基本动作，就是练习缠腰动作。缠腰嘛，就是把滚灯绕着身体腰部前后转动。这是我第一次学习甩滚灯。

采访者：你第一次甩滚灯后，当时心里有没有想法？

汪妙林：当时觉得自己能甩滚灯了嘛，心里蛮高兴，觉得人也长大了，就用大滚灯甩了。因为滚灯大，我力气也蛮好了，我就想要学会几个难度较大的动作。

采访者：那么后来你是不是经常到人家家里去学习甩滚灯了？

汪妙林：是的，那以后就在晚饭后，黄昏头去人家家里白相（玩）的时候甩甩滚灯。

采访者：那你后来是向谁学习难度较大的滚灯动作？

汪妙林：后来向我父亲和小伯学习比较难的动作。比如"白鹤生蛋"的动作蛮难的呀。那时候，我也学着做一做。在学这个动作的时候还摔了几跤，摔了几跤后，还是坚持下去的。在练习"白鹤生蛋"的时候，我牙齿都磕掉了。滚灯大呀，人要从滚灯上面跳过去，跳的时候脚被滚灯绊牢（住）了，这样人就扑在地上，脸着地，牙齿就被磕掉了。所以，甩滚灯也要有窍门的。

采访者：你开始学做"白鹤生蛋"动作时，能从原地跳过去吗？

汪妙林：开始的时候原地跳不过去，就从滚灯边上跑过去，原地跳不上去。我爸爸教我一定要跑几步，跑几步才能跳过去了。

采访者:你练习这些动作时,你爸爸、小伯在边上指点你?

汪妙林:练习还是靠自己,他们有时会在边上指点指点。因为刚开始学的时候,头绪也没有,不知道怎么甩。我爸爸开始教我"白鹤生蛋"怎么做,后来教我"蜘蛛吐丝"动作怎么做。起先学甩滚灯时,都是他们教的,我们不知道动作要领。有诀窍的呀,他们就指点指点,教我怎么做。

采访者:他们教了你哪些诀窍?

汪妙林:比如"白鹤生蛋"要从滚灯上跨过去,他们教我眼睛一定要看好滚灯上的位置,手一定要按牢滚灯顶部,双脚跨滚灯时脚一定要伸得开,否则就跳不过去。他们教我做"蜘蛛吐丝"动作时,说牙齿一定要咬紧绳子,如果咬得不紧,牙齿要被拽掉的。

采访者:"白鹤生蛋"这个动作你练了多长时间才能顺利地跳过去?

汪妙林:我练习了差不多一个多月。开始跳不过去,心里有点慌嘛。他们指点后,我就能悬空跳过去了。跳过滚灯时,要用两只手支撑好滚灯,支撑好就能跳得高、跨得过滚灯。

采访者:当时你才十六七岁吧,能够跨过去是不容易的,有什么

滚灯表演动作"白鹤生蛋"

技巧?

汪妙林：学习"白鹤生蛋"这动作时，我人还比较矮小。人小滚灯高呀，这么高（比画），怎么能跨过去？这样后来接下去就继续练习，慢慢掌握了窍门。这窍门就是两只手要在滚灯上面撑牢，人跳起来，脚要伸得开，这样在滚灯上就跳得过去，再把滚灯背起来。这就叫"白鹤生蛋"，蛮难的呀。

采访者：大滚灯这么高，跳过去不容易。

汪妙林：是的，大滚灯（直径）有 1.8 米左右高，当时比我人还高。那个时候都是大滚灯呀，后来动作多了，滚灯稍微小点了。我总是认为，我们农村里一定要甩大滚灯，高度有点高，甩起来有点难度，但是这种大滚灯甩起来，就有阳刚之气。

采访者：做"蜘蛛吐丝"动作时，关键技巧是什么？

汪妙林："蜘蛛吐丝"的关键技巧就是牙齿一定要咬牢系在滚灯上的绳子。还有就是咬住后，要把滚灯转起来，你不转起来是没有用的，就是要用两只手把滚灯旋转起来。滚灯转起来后，你要把两只手放开。这时候牙齿就吃上力了，全靠牙齿咬牢，所以一定要咬紧绳子。

采访者：过去有没有人做这个动作时牙齿掉了的?

汪妙林：有的呀，咬不好，牙齿就崩掉了，因为力量全在牙齿上。

采访者：你觉得"白鹤生蛋"和"蜘蛛吐丝"这两个动作相比较，哪个更难？

汪妙林：这两个动作，实际上危险性都有的。"白鹤生蛋"做不好，人要扑在地上的。只要一次成功了，就会掌握窍门。如果相比较，这两个动作，我看还是"蜘蛛吐丝"更难些。

采访者：为什么它更难些?

汪妙林：因为全靠牙齿咬，滚灯分量重，弄得不好，牙齿要崩掉的。

采访者："蜘蛛吐丝"动作，滚灯转起来后你觉得有多少分量?

汪妙林：大滚灯本身有七十多斤，转起来以后总要有八九十斤重。

牙齿咬不住滚灯就会飞出去。所以牙齿一定要好，精力要集中，决心大于力。

采访者： 牙齿咬绳子的时候有没有什么窍门？

汪妙林： 要说窍门，就是系在滚灯上的绳子，咬在嘴里的一头打个大一点的结，这样咬起来比较容易些。

采访者： 你当时练习"蜘蛛吐丝"动作时，有没有感到牙齿酸痛？

汪妙林： 不可以有牙齿酸的呀，如果有酸痛，牙齿就要出毛病了。所以一定要咬得紧，一般的人不敢咬。

采访者： 你当初为什么要练这两个难度高的动作？

汪妙林： 因为一方面我爸爸希望我把滚灯表演传下去，另一方面我对滚灯有一定的感情，也蛮有兴趣，所以我要咬紧牙关把它学会。练习时也很艰苦的，我想刻苦就刻苦一点吧。

采访者： "蜘蛛吐丝"这个动作你练了多长时间？

汪妙林： 练了一个多月，加上"白鹤生蛋"的动作。虽然那时候年纪还轻，有力气，但"白鹤生蛋"要从滚灯上跳过去，再把滚灯背起来、举起来，"蜘蛛吐丝"要牙齿咬住，也是很吃力的。练习"白鹤生蛋"时，有时跳了三次还跳不过，那就没有劲道（力气）跳了。"蜘蛛吐丝"咬过一次后，浑身就感到酸了。练一次下来，总要休息十分钟，再来练。嘴巴会感到干燥，很吃力的。

采访者： 这两个动作是你初中不读了、回家劳动后，在你爸爸指导下学会的吧？

汪妙林： 我还在学校读书的时候，已经基本上学会了缠腰等一些动作。读书回来后，就跟着我爸爸学习"白鹤生蛋""蜘蛛吐丝"这些难度大的动作。

采访者： 当时和你一起学滚灯的有几个小伙子？

汪妙林： 前山头村（现在叫新安村）有两个。另外还有一个，加上我，总共四个人一起学的。

采访者： 你们四个人中，谁滚灯甩得最好？

汪妙林： 他们三个人后来没有学下去，所以他们现在不会甩了，只有我甩得起来。当初，我们年纪蛮轻嘛，但是甩滚灯不光凭力气，还要有诀窍的呀，没有诀窍甩不起来的。所以，那时候我们西安村就我会甩，他们后来不甩了，没有坚持下来。

采访者： 那你学了以后，平时是怎么练习的？

汪妙林： 练嘛，要有滚灯呀，那时我们村里没有滚灯。后来新安村那里有一只滚灯，也有人在练习，我就去参加了。当初他们在练习"白鹤生蛋"时，我已经会做这个动作了，我就跟他们一起做。那时，要用牙齿咬的"蜘蛛吐丝"我还没成功。我那时力气还不够，牙齿咬不住，弄不好牙齿要掉下来的。

采访者： 那时候你几岁？

汪妙林： 我那个时候才十五岁左右。

采访者： 那时你有没有在学校读书？

汪妙林： 我八岁开始上学读书，小学毕业后，去临平中学读了一年工夫（一个学年），后来"三年困难时期"（即 1959 年至 1961 年）了，家里困难，就不读书了，回来做生活（务农劳动）了。

采访者： 你初中只读了一年，就不读？

汪妙林： 是的，就读了一年初中，那时家里生活很困难，就回来做生活了。

采访者： 当时是什么原因让你放弃读书了？

汪妙林： 那是 20 世纪 60 年代初，国家"三年困难时期"，家里情况也蛮困难，所以我初中只读了一年，就不去上学了，回家来做生活了。

采访者： 当时你家里有几个人？

汪妙林： 当时我家里有四个人，爸爸、妈妈、我、姐姐。

采访者： 你不读书以后，在家里做些什么活？

汪妙林：读书回来后，就在生产队里做生活。年轻人嘛总想学点东西，所以有时也搞搞滚灯。那时我才开始学滚灯，也就是在那几年里学会甩滚灯的。

1963 年，十八岁的汪妙林在家门前舞滚灯

采访者：那时候家里这么困难，你还会去甩滚灯？

汪妙林：是呀，那时候农村里农活多，白天在田里干活，晚饭后黄昏头有时就甩甩滚灯。

采访者：那时你家里大人对你学滚灯是怎么看的？

汪妙林：家里父母都希望我学会滚灯，他们希望我把滚灯传下去。同时我也喜欢滚灯，从小对滚灯有印象，在读书的时候就看到元帅庙会巡游时有甩滚灯的，所以我想一定要学会它。

采访者：那你回来务农以后，你是怎么舞滚灯的？

汪妙林：有时候会搞搞（指甩滚灯）。那时农村生活蛮忙的，有时在黄昏头甩甩滚灯。那个时候，我们这里农村还没有电灯，到1965 年才有电灯，所以晚上也不太出去，就在家里甩甩滚灯。

采访者：那个时候，在你们这里有几个人甩滚灯的？

汪妙林：我不读书回来的时候，当时这里甩滚灯的人蛮少的，只有四五个人，就是我爸爸、我小伯，还有这里的胡勇和万老虎，就这几个人会甩滚灯。

采访者：那你们这些年轻人在什么时间、什么地方甩滚灯呢？

汪妙林：那个时候，生产劳动忙，空余时间少，有时候晚上就自己一个人甩滚灯，甩它几下。那时候滚灯队还没有成立，就是分散的，大家有空的时候甩甩。

采访者：那时候你们村里有几只滚灯？

汪妙林：只有一只滚灯，几个人轮流甩甩。

采访者：你在那个时期甩滚灯，有没有印象比较深的事情？

汪妙林：当时心里想，要么不学，既然学了，总一定要把它学会。那时候是困难时期，生活条件很差，有的人力气不够，有的人学不起来。甩滚灯一定要有力气的呀。

四、滚灯是庙会必有项目

采访者：老汪，你小时候第一次看到翁梅滚灯出去表演是什么时候？

汪妙林：我小时候第一次看到甩滚灯是在临平。有一个商场要开业，因为滚灯是吉祥之物，所以他们叫我爸爸、小伯，还有村里两三个人去表演表演滚灯，热闹热闹。我也去了。这是我第一次看到滚灯出去表演。

采访者：那一次你父亲和小伯在哪里表演滚灯？

汪妙林：临平有一个商场，就在商场门口表演滚灯。那时候我还小小的，我第一次看到这种表演。后来在元帅庙会上也看到过几次，心里对滚灯就有了一定的印象，觉得蛮热闹、蛮好看的，心里就想：长大一定要学会滚灯。

采访者：这是新中国成立后吧？那新中国成立前，滚灯主要在哪些场合表演？

汪妙林：1949年以前，主要在庙会时候表演滚灯。我们翁梅乡钱塘村每年农历五月十六有元帅庙会。庙会举行的时候，滚灯一定会参加的，一直到"文化大革命"时才停止。"文化大革命"时期，我们在家里有时也会甩甩滚灯。"文化大革命"结束后，元帅庙会又恢复起来了，滚灯又动起来了。

采访者：你们这里为什么会有个元帅庙会？

汪妙林：听说是这样的，很早以前，有一年这里遭干旱，吃水困难，而乔司城隍庙里有口井，水不干的，当地人都到这井里来挑水。有一天，有一个秀才上京赶考路过这里，住在城隍庙。晚上，他读书很晚了，走到井边，看到一只青蛙跳到井里，一会儿就四脚朝天死了，他知道井里有毒了，有人放毒了。天亮后，有人要来打水的呀，他拦住打水的人，不让打水，说井水有毒了，可大家不信，他拦也拦不住，就自己跳入井里。当人们捞起他时，他已经死了，全身乌黑。这时人们知道他说的是真的，而且他还为救人而死了。就这样，当地老百姓为纪念他，给他造庙塑像，每年他跳井这一天（农历五月十六日）举行出会活动。元帅庙会就是这样来的。

采访者：这里的人们为了纪念这位舍身救人的书生，就用元帅庙会来祭祀他，是吗？

汪妙林：是的。实际上，那时候这一带是发生瘟疫，那么这里的人就称这位书生是抵制瘟疫的"瘟元帅"，塑了一尊黑脸菩萨，供在城隍城里。他跳井死了这天是农历五月十六，所以，每年五月十六就举行元帅庙会，请"瘟元帅"到各个村坊收瘟气。

采访者：元帅庙会上有哪些民间艺术队伍参加？

汪妙林：参加元帅庙会的民间艺术队伍很多。有滚灯，有大纛旗，还有掮炉子、抬阁，一共有二十多个项目。滚灯是一定要参加的。

采访者：在元帅庙会巡游时，滚灯表演哪些动作？

汪妙林：滚灯主要表演缠腰动作，因为庙会人多，滚灯又大，有些动作表演不起来。滚灯在庙会巡游的民间艺术队伍中，是排在最前面的，是滚灯在前，后面是龙灯、马灯等这样排下去。滚灯在前面开路，声势浩大一些。庙会出行时，每个村坊都有一个接风台，备好茶水，我们在每个接风台前面表演一下，把滚灯所有动作都表演一下。滚灯表演后，其他民间艺术也作表演。

采访者： 这一路过去，有多少个接风台？

汪妙林： 有二十多个接风台，每个村坊有一个。早上八点钟出发，要到晚上七点钟才结束。出发之前，在元帅庙里先祭祀"元帅菩萨"，在庙前广场举行一番民间艺术表演，然后再巡游出发，一个一个村坊

滚灯、大纛旗等民间艺术参加临平元帅庙会巡游

临平元帅庙会上的舞狮表演

游过去。设接风台的村坊都备好茶水，我们在每个接风台前面表演一下，把滚灯所有动作都表演一下。

采访者：元帅庙会举行时，滚灯是一定要参加的，是吗？

汪妙林：是的，滚灯是元帅庙会活动中必有的节目。元帅庙会当中，有滚灯、龙灯、马灯等，也有做皮影戏的，名堂多了，四面八方都会来，路上全是看热闹的人。滚灯一般在游行队伍前面开路，滚灯舞起来，看热闹的人就会往两边散开。

采访者：参加元帅庙会滚灯表演的有多少人？

汪妙林：表演滚灯的有七八个人，每人有一只滚灯来表演。

采访者：你参加元帅庙会滚灯表演是什么时候？

汪妙林：元帅庙会活动，我是后来参加的。新中国刚成立的时候，我还小，还没有参加。

采访者：新中国成立后，有一段时间元帅庙会没有了，滚灯是不是停止了活动？

汪妙林：解放以后元帅庙会还是有的，"文化大革命"时就没有元帅庙会了。

采访者："文化大革命"时期元帅庙会被取消了，滚灯表演是不是也停止了？

汪妙林：是的，"文化大革命"时，元帅庙会和滚灯都没有了，都被取消掉了，因为不允许，滚灯表演也被取消了。

采访者："文化大革命"期间，你父亲、小伯是不是还偷偷地甩滚灯？

汪妙林："文化大革命"时期，他们也蛮少甩了，也不太会甩了。一个是不允许甩，另外他们年纪也大了，就是有时候给年轻人指导指导。

五、能站在板凳上甩滚灯

采访者：老汪，你第一次参加大型活动表演滚灯是什么时候，还记得吗？

汪妙林：我记得我第一次参加大型活动是 1964 年，就是临平文化站张长工他们组织的临平镇上民间艺术踩街活动。那一天，临平钱塘饭店门口观看的人是一塌糊涂①。

采访者：那是 1964 年庆祝新中国成立十五周年，余杭县举行的民间艺术踩街吧？

汪妙林：是的，那是解放后翁梅滚灯第一次参加这么大规模的活动。除了我们滚灯外，大刀、亭趾高跷等什么都有，非常热闹。亭趾高跷有 2 米多高。我们翁梅滚灯有四五个人参加表演，我也参加了。这次应该是解放后我第一次参加大型活动表演滚灯，也是翁梅滚灯恢复后第一次外出表演，规模很大。

采访者：你参加这次踩街活动，是谁叫你去的？

汪妙林：是翁梅乡文化站通知我参加滚灯表演队的，那次滚灯队的人都是乡文化站叫拢过来的。

采访者：你在这次踩街活动当中表演了哪些动作？

汪妙林：那次，我用滚灯表演了"白鹤生蛋""蜘蛛吐丝"，以及缠腰等一些动作。那时，大家看到滚灯感到蛮稀奇的，拼命给我们鼓掌，我们是出足了风头。

采访者：张长工看了你们这个滚灯表演后，他有什么反应？

汪妙林：他也很高兴，因为翁梅原来解放前有滚灯表演，现在能重新恢复，能传下去，他当然高兴呀！这是解放以来滚灯第一次参加大型活动，一路表演过去，他看了滚灯蛮高兴。这次之后，后来还有几次表演，规模没有这次大。

采访者：你们去参加这次表演之前，有没有集中起来训练？

汪妙林：我们集中训练了一天时间，主要练习"白鹤生蛋"。

采访者：是谁组织你们训练的？

---

① 一塌糊涂，方言，指人很多。

汪妙林：是乡文化站王宝林组织我们训练的。是他把我们几个人叫拢过来，就五六个人。

采访者：那次你们踩街表演走了哪些地方？
汪妙林：我们从临平钱塘饭店门口出发，经过西大街、邱山大街，再到北大街文化馆门口。那次人特别多。那次踩街，钱塘饭店门口这么大的广场，人山人海，人都挤不过，所以我们只做了简单的表演，一路过去。因为表演队伍多呀，不能表演太长时间。

采访者：群众看到你们滚灯表演感到很稀奇吗？
汪妙林：稀奇的呀，许多人没有见到过滚灯。还有甩大刀的，我那时甩大刀力气还不够。我小伯那时力气还蛮好，他表演了几个滚灯动作。他力气好。

采访者：当时你们踩街表演的滚灯，是什么滚灯？
汪妙林：我们这次去了五个滚灯，都是大滚灯。

采访者：是红心灯，还是黑心灯？
汪妙林：是红心灯，那时黑心灯已经没有了。

采访者：你参加这次活动后有什么感想？
汪妙林：参加这次活动后，我感到消失了很长时间的翁梅滚灯又重新出来了，群众这么欢迎，滚灯也得到了政府的认可，自己感到很激动，很高兴。这次是文化馆召集的，以前都是自己"小搞搞"，这次规模这么大，好像是滚灯重新焕发生机一样。群众欢迎这种民间文化，所以很高兴。

采访者：你在这么大的场面表演滚灯，当时是什么样的一种心情？
汪妙林：我当时看到滚灯这样受欢迎，群众拍手称好，心里越加激动。滚灯是要给群众看的呀，所以当时我甩起来的劲头更大了，吃力点也无所谓了。

采访者：这次以后，你是否觉得要把滚灯好好传下去？

汪妙林：是的呀，那次以后，我觉得更加要把这滚灯传承下去，一定要好好组织起一支队伍，表演更加生动一点，要增加一些表演动作，（让形式）更加丰富多彩一点。

采访者：参加这次滚灯活动回来后，乡文化站有没有组织你们几个人谈谈这个事情？

汪妙林：乡里讲了一下，说是要让这项民间艺术更加活跃起来，要求我们多活动几次。

采访者：在这次活动的前两年，也就是 1962 年，临平区文化站张长工老师到你们翁梅来挖掘滚灯，他是知道你们这里原来有滚灯的吗？

汪妙林：当时乡滚灯队还没有成立，元帅庙会也取消了，所以只有村里零散的几只滚灯在活动。张长工老师可能从一些老人那里听说原来翁梅这里有滚灯。

采访者：那次张长工老师想在 1964 年国庆搞民间艺术踩街，要翁梅滚灯参加，这个事情你是怎么知道的？

汪妙林：那个时候，翁梅乡有文化站，是文化站通知几个会甩滚灯的人去参加。当时这里还没有成立滚灯队，一个个通知的，通知里也有我的名字，我也蛮高兴。后来一去，的确很热闹，那次踩街活动我们滚灯作为先锋队，在临平钱塘饭店门口集中。

采访者：1972 年，张长工来翁梅采风滚灯，是在什么地方？

汪妙林：在我们生产队的晒谷场上。张长工他来，我不知道的呀！那次我正在生产队晒谷场，站在长板凳上面甩滚灯。那时候我年纪还轻呀，有时候站在长凳上甩甩，我站在腌菜甏①上面也可以甩。人站在板凳、甏上面甩滚灯，人是要做劲道（消耗力气）的呀，弄得不好人要摔下来的，难度大。正好那天张长工来这里，他把我站在长板凳上甩滚灯的表演拍了照片。当时张长工他也没有告诉我，后来我评上代表性传承人之后，才知道有这张照片。

---

① 甏，瓮一类的瓦器，口小腹大，农村多用于腌菜。

汪妙林（左）和原翁梅乡文化站站长王宝林（右）一起探讨滚灯保护传承

采访者：那天你是自己有兴趣在甩滚灯，不知道张长工拍下了你站在板凳上甩滚灯的照片？

汪妙林：是的呀，当时我们几个小伙子是在村里活动活动，又不是村里召集过来的，我们正在玩滚灯，被张长工拍到了。所以这张照片很有意义。他在拍的时候我根本不知道，直到2004年时才知道。2004年开展民族民间艺术普查时，张长工拿出这张照片，我才知道。

采访者：你站在板凳上甩滚灯就只有这一张照片吗？

汪妙林：是的呀，另外甩滚灯照片蛮多，2008年中央台也有一张，就是站在凳子上的这一张，这张照片成了历史记录了，蛮有意义的。

采访者：那是一只什么凳子，有多少高？

汪妙林：是一只四只脚的长板凳，总有80厘米高。

采访者：你站在凳上做了什么动作？

汪妙林：站在上面就做了缠腰动作。那时候我力气好，动作可以做好长时间，而且是甩大滚灯。

采访者：站在板凳上甩了多长时间？

汪妙林：甩了总有十分钟吧。

采访者：那次，除了你，还有其他人站在凳上甩滚灯吗？

汪妙林：另外没有。那时没有滚灯队，大家甩滚灯是各归各的，大家忙着做生活，那天我正好有空。

采访者：你甩的这个滚灯是你自己的，还是村里的？

汪妙林：那时乡里文化站王宝林要人做了两只滚灯，我去跟他说："我拿一只去放在村里，我想有空可以去练练，如果要出去表演，我可以背来。"王宝林同意了。

采访者：你站在板凳上甩滚灯的照片，既是你甩滚灯的历史记录，也是余杭滚灯发展的历史记录，很有价值。

汪妙林：是的，它反映了我甩滚灯的人生道路，对后来滚灯被列入非遗名录，以及我被评为代表性传承人都有作用。

采访者：老汪，刚才你说还能站在腌菜甏上面甩滚灯？

汪妙林：是的，站在两只甏口上，我也可以甩。站在板凳上、甏上甩滚灯蛮难的呀，特别是甏不稳的呀。那次张长工他在我不知道呀，他也没有跟我说，我就在板凳上做缠腰动作，当时看的人很多，表演几个缠腰动作就好了。其实我另外的动作甩几下也可以的，因为看的人多呀，怕出问题，就做了几个缠腰动作。如果站在甏上甩几下，也可以甩。

采访者：你站在甏上面甩滚灯，平时有没有练过？一下子就能站上去了？

汪妙林：开始练习时总是失败的，有好几次几乎要掉下来，甏不稳的呀。多练习后就稳当了。

采访者：你在甏上面甩的滚灯，是大滚灯，还是小滚灯？

汪妙林：大滚灯呀，大的甏上可以甩呀，你只要站得上去，人能稳得住，就可以站在甏上面甩。

采访者：老汪，那你站在高的酒甏上面甩过滚灯吗？

汪妙林：酒甏高，口子小，在酒甏上面我没有甩过。我听大人说，我小伯站在酒甏上甩过滚灯。我没有试过，如果试试，也可以甩的。

采访者：那个时候你已经不上学读书了，在家务农了吗？

汪妙林：是的，1962 年我放弃读书回家务农了，开始学习甩滚灯。张长工那次到翁梅，我没有碰到他。可能他到乡文化站，文化站站长王宝林知道我在甩滚灯，就通知他去了。

采访者：1964 年那次参加大型活动表演后，你后来有没有参加其他大型活动表演？

汪妙林：有的，我后来参加过好几次。有一次是在县文化馆门口，临平剧院外面广场上表演。那次是全省的一个文化活动在临平举办。后来有一家商场，做服装生意的，他们开业，也要我们去甩滚灯，我们就去表演滚灯了。再后来（1999 年国庆节）又参加了在临平举办的全县民间艺术踩街活动，从沿山路、北大街走了一圈，观看的人很多很多。

采访者：那么，除了参加大型活动外，还能到哪里去甩滚灯？

汪妙林：滚灯传承下来以后，到新中国成立后，这里也太平了，滚灯就作为表演的道具，常出去表演。当地老百姓把滚灯作为吉祥之物，有的人家造新房就会叫我们去甩滚灯。

采访者：滚灯是吉祥之物，一些庆祝活动你们也去表演滚灯吗？

汪妙林：有的呀。在临平，有一个商场老板，商场开业，为了热闹热闹，要我们（滚灯）去表演表演，庆祝庆祝。那时改革开放了，已经有私人经营了呀，这个商场就是私人经营的。农村里造新房，造好以后，为了庆祝，也会找我们滚灯去表演。这是一直以来就有的。

采访者：去表演滚灯时，你是一个人去的，还是和别人一起去的？

汪妙林：有四五个人一起去的，光一个人太单调了，表演滚灯多几个热闹呀。

采访者：当时翁梅乡有几支滚灯队？

汪妙林：当时就只有一支滚灯队，就几个人，南面的杨老虎，新丰的陈水法，这里（西安村）就我，新丰（村）还有一个姓施的，一共五个人。那个时候甩滚灯的人很少，农村里忙呀，只有黄昏头练练。后来就"文化大革命"了，滚灯表演也停止了。

六、农忙时黄昏头练滚灯

采访者：老汪，那你学会滚灯表演后，除了参加大型活动，平时还经常甩滚灯吗？

汪妙林：自从参加了那次踩街活动以后，我对滚灯的兴趣更加浓了，经常会甩滚灯。后来回到自己村里，七八个人经常一起练习甩滚灯。那个时候我最高兴（喜欢）甩滚灯了，因为可以强身健体。

采访者：你刚才说的情况是20世纪60年代吧，那时候你已经结婚成家了吗？

汪妙林：我是1965年结婚的。

采访者：你爱人是哪里人？

汪妙林：当地的，是同一个生产队的。

采访者：你们是怎么相识的？

汪妙林：那时候，生产队集体劳动，做生活时经常在一起的。两个人小时候就认识的。

采访者：你们是自由恋爱结婚，还是有人做媒的？

汪妙林：那时候，在农村还通行做媒的，后来年轻人就自由恋爱了。

采访者：你们恋爱谈了几年？

汪妙林：两三年时间，我们做生活经常在一起嘛，生产队里一起劳动。后来她同意了嘛，就结合在一起了。她对滚灯也是蛮喜欢的。有几次我到杭州去表演滚灯，家里田里的生活都是她一个人做的，她也没有怨言。结婚以后，她去学做缝纫活了，滚灯表演用的衣服都是她做的。

采访者：你爱人她还帮助你们做滚灯表演的服装？

汪妙林:是的，我们滚灯队表演滚灯的服装一直以来都是她做的。

采访者:你们俩认识、相恋的时候，她知道你会甩滚灯吗?

汪妙林:知道的，一个生产队的呀。我家和她家相距一点点路，她经常看到我甩滚灯的。

采访者:她对你甩滚灯支持不支持?

汪妙林:她还是支持的，不支持的话后来也不会叫儿子学甩滚灯了。她一直是支持的。

采访者:你大儿子是哪一年出生的?

汪妙林:他今年五十二岁，是 1967 年出生的。

采访者:你们一共生育了几个孩子?

汪妙林:我们一共有三个孩子，大的是儿子，第二个是女儿，小的也是儿子。那时计划生育政策还没有实行，可以生三个。

采访者:那时候你家里的经济情况怎么样?

汪妙林:那时家里经济情况嘛，也蛮艰苦的，因为生产队里做一工只有几毛钱，大家都知道的，生活还是蛮艰苦的。那时候收入少，后来有三个小孩，负担重，生活比较艰苦。

采访者:你一直在生产队里劳动?

汪妙林:我后来去学做泥水工了。那时年轻，有力气，学做泥水匠，学学蛮快的。一年做下来，已经做得蛮好了。

采访者:你要外出做泥水工，家里有田地，还有三个孩子，那还有时间甩滚灯吗?

汪妙林:那时候做泥水生活的确忙。改革开放后，我们农村里原来的草房改造成了盖瓦片的平房，有人家将平房改造成二层楼房，所以泥水匠生活蛮多的。白天没有时间甩滚灯，晚饭以后会甩一会儿。那时候自己力气有呀，身体蛮棒，是用不完的力气、吃不饱的肚皮，饭很会吃。吃了晚饭就甩几下滚灯，那时候年纪还轻，力气有的呀。

采访者：你做了几年的泥水匠？

汪妙林：我做了二十多年的泥水匠。

采访者：那么，1964 年以后，到"文化大革命"开始，你还是坚持甩滚灯吗？

汪妙林：这段时间，主要是在家里甩甩滚灯。基本上都是晚饭吃好以后，在黄昏头甩甩。后来就是"文化大革命"了，一般不能再甩滚灯了，民间艺术都停止活动了，滚灯也基本上不可以再活动了。

七、我给司令员表演滚灯

采访者：老汪，"文化大革命"后期，你们翁梅滚灯是怎么恢复的？

汪妙林：到了"文化大革命"后期，大概是 1972 年时，张长工再次来翁梅乡西安村，那时期滚灯活动冷掉了。那天，我正好在甩滚灯，他看到后就过来了，还拍了照片。

采访者：那还是"文化大革命"时期，当时你怎么会去甩滚灯？

汪妙林：因为我对 1964 年那次活动记忆很深，当时村里还保留了一只滚灯，我总想让滚灯"活"起来，多练练。这时候人不热闹的，大家做田里生活也来不及，看的人少。我感到好久不甩滚灯了，心里痒痒，就去村里拿来滚灯偷偷地甩甩。

采访者：当时张长工拍了你甩滚灯照片后，有没有给你说什么？

汪妙林：没有，那时我还不认识他。他拍的照片一直保存了好多年，一直到 2004 年我才知道。

采访者：是不是从那以后，你们开始组织建立滚灯队了？

汪妙林：是的，从那以后基本上慢慢形成了滚灯队，各方面活动也开始频繁了。1975 年后，滚灯开始有活动了，翁梅乡就正式成立了滚灯队。滚灯队成立后，做了几个滚灯，放在乡大礼堂里。那时我好想甩滚灯，就拿了一个滚灯回来，有空就甩甩。那时滚灯队人员是分散的，要出去表演时就召集起来。

采访者：刚成立时滚灯队有多少人？

汪妙林：那时候有七八个人。这里（西安村）有杨老虎和我，新丰村的陈水法，还有个姓施的，还有几个都是西安村地队的。

采访者：你们滚灯队成员都是当地农民吗？

汪妙林：都是这里的农民。这时候是翁梅乡组织的一个队，（队员）分散在各个村，要出去表演了，就通知大家集中起来。当时我们表演基本上就是几个滚灯的基本动作，因为是大滚灯呀，加上集中训练也比较少，平时大家都在生产队劳动，要赚工分的呀。

采访者：那滚灯队成立后，队长是谁？

汪妙林：那时乡里叫我当临时队长，因为我年纪比较轻，总的负责人是乡文化站站长王宝林。出去表演时主要由我负责，因为出去表演，道具、服装等东西蛮多的，我就要多准备准备。

采访者：你作为队长，如何组织队员开展滚灯训练？

汪妙林：我们这个队基本上都是老队员，居住得比较分散，他们都在生产队劳动，比较忙，所以集中训练比较少，以个人自己练习为主，有时集中训练一下。后来逐步发展，人慢慢多起来了，集中训练也多起来了。

采访者：你们集中训练有报酬吗？

汪妙林：我们搞训练，都是自愿的，不拿乡里的工分和补贴。大家想学，就学得快了。学习滚灯一定要有决心，肯学了就会甩得起来。

采访者：那么如果有活动要你们滚灯队参加，怎么召集起来？

汪妙林：如果乡里有活动要我们参加，我就通知他们，能够召集起来的，大家蛮积极参加的。

采访者：滚灯队建立后，你们去过哪些地方表演？

汪妙林："文化大革命"结束后，除了滚灯，马灯、龙灯等传统民间艺术也都活跃起来了。我们滚灯队参加了三四次县里民间艺术踩街表演。1984年元宵节，我们吃过中饭，在翁梅乡集中，用车拉到杭州红太阳展览馆（现浙江展览馆）门口，后来参加杭州市民间艺术踩街表演。1991年，参加县里民间艺术踩街活动。再有一次是到杭州柳浪闻莺公园，参加杭州市举办的中日友好联欢活动。

采访者：有一次，省军区司令员来你们村，你给他表演滚灯，还记得吗？

汪妙林：记得的，那次是省军区司令员到我们村里来检查民兵俱乐部，村里叫我去做了滚灯表演。那次就我一个人作表演，司令员看了很高兴。

采访者：你给司令员表演了哪些动作？

汪妙林：我表演了缠腰、"白鹤生蛋"、"蜘蛛吐丝"。司令员看了我表演后，表扬了我。他说，我滚灯甩得好，他过去没有看到过。

采访者：那个时候元帅庙会有没有恢复？

汪妙林：那个时候元帅庙会还很少，有几年是当地村里组织的，规模小一点。元帅庙会办了，就通知我们滚灯队去参加。后来街道出面组织举办元帅庙会，三年办一次，规模比较大，我们滚灯队每次都参加的。

采访者：到了20世纪80年代初，我们这里农村搞联户承包责任制，分田到户了，你家分得几亩田？

汪妙林：我家人口多，承包经营的责任田有六亩多一点。

采访者：那时候你还在做泥水工，田头的活儿谁来做呀？

汪妙林：是的，我还在外面做泥水工。田里活嘛，我做工回来早的话，再去田里做做。那时田里主要是种水稻。以前这里种络麻多，后来络麻取消掉了，就是（种）水稻。

采访者：原来你们翁梅这里络麻种植很多的？

汪妙林：是的，70年代以前这里种植络麻很多，是麻区。上面有规定，40%的土地种水稻，60%的土地种络麻。种络麻时是很苦的，生活多，白天来不及做完，夜里也要做。

采访者：我知道这里的农民有一句农谚："双抢出个名，络麻剥煞人。"

汪妙林：是的呀，就是这回事。水稻抢收抢种嘛，就是时间紧，赶节气，忙点；络麻剥皮呀，洗皮呀，生活多，很苦的。

采访者：那时你家种多少亩地的络麻？

汪妙林：那时光我家就种三亩多田的络麻，络麻收割时，每天起早摸黑地做。

采访者：那时候农活这么忙，你还会甩滚灯吗？

汪妙林：就在黄昏头（晚饭后）还会甩甩，稍微弄弄，练习练习，因为高兴呀。那时候，我年轻，力气有呀，白天劳动，晚上还有劲道甩滚灯。如果农活空的时候就多练一些，忙的时候少练一些，自己喜欢呀。

采访者：老汪，你儿子喜欢甩滚灯吗？

汪妙林：我儿子学习甩滚灯是在他读书毕业以后。他还在读书的时候，经常看我小伯甩滚灯，因此从小就受到影响，觉得甩滚灯蛮有味道，他也想学，可他那时候力气还不够。他那个时候就想，等力气够了，一定要把它学会。

采访者：那你儿子是几岁开始学甩滚灯的？

汪妙林：我儿子是十七八岁开始学习甩滚灯的。他那个时候比较忙，在杭州"四季青"（服装市场）卖服装。我问他愿不愿意学滚灯，他说高兴（愿意）的，那我就教他了。

采访者：你开始教他学习什么动作？

汪妙林：开始教他学习基本动作，就是学习缠腰动作，我给他指点指点。后来他自己经常练习，基本动作可以了，就学习难的动作，如"白鹤生蛋"。练习这个动作时，那一定要看牢他，教他要领，弄不好要摔跤的呀。我教他，人跑过去，两只手一定要按牢滚灯，两只脚一定要张得开，张不开的话要被滚灯绊牢的。就好像悬空跳过去一样，要用力气。

采访者：你儿子有没有学了一会儿就不想学了？

汪妙林：那倒是没有的，我儿子从小能吃苦。那时候农村里条件差，生活困难，为了增加收入，农村里家家养羊的。生产队里生活做好后，他还要割羊草。羊是活口，要割草给它吃。那时候的确很艰苦。

采访者：那时你家养几只羊？

汪妙林：多的时候养七八只羊。我儿子小时候，读书回来就去割羊草，很吃苦的。那时家里生活与现在比是相差很多了，真是天上地下的对比。

采访者：那你是怎么教你儿子学习甩滚灯的？

汪妙林：有时候我给他讲元帅庙会这么热闹，滚灯也参加表演。他也经常看到我小伯（叔叔）在家门前教我甩滚灯。我儿子觉得甩滚灯有味道，也想试一下，可力气还不够。后来他读书毕业回到家里，我就教会了他甩滚灯。他也下决心一定要学会它。这时候，我儿子已经十六七岁了，人大起来了，力气也大起来了，后来他就学会了。一般的动作，我教教他，他都能做，高难度动作（需要）我指点指点。我教他的重点是"白鹤生蛋"，那时滚灯还比较高，跳过去比较不容易。开始时他弄得不好也会摔几跤，但他当时总想要学会它。过了一年，这时候他力气大了，胆子也大，吃力点也无所谓，后来就会做了，就是开始练习时比较困难。

采访者：你儿子学习舞滚灯有没有发生过什么事情？

汪妙林：那就是练习最难的动作"蜘蛛吐丝"，是要用牙齿咬住绳子，牙齿一定要咬紧绳子。因为滚灯转动时劲很大，牙齿不好松一松，松一松牙齿就要脱掉。所以我经常跟他说，一定要咬紧系在滚灯上的绳子。有一次他做"蜘蛛吐丝"动作，牙齿没有把绳子咬紧，牙齿脱掉了，就镶了牙齿。他现在这颗牙齿不是原来生出来的，是后来镶上去的。

八、外国人见滚灯很稀奇

采访者：老汪，改革开放以后，文艺界拨乱反正了，"文化大革命"期间被禁锢的许多民间艺术逐渐恢复起来了，翁梅滚灯也开始活动了。到了 20 世纪 90 年代，文化艺术交流活动更加频繁。1996 年，翁梅滚灯到杭州参加中日友好民间交流活动，请你谈谈这次活动的经过。

汪妙林：好的。我知道这次去杭州参加活动，是县文化馆与翁梅乡文化站联系的，要我们翁梅滚灯队去杭州参加一个活动，是中日友好联欢。我们翁梅滚灯队去了，到杭州柳浪闻莺公园，在那里表演。我们去了八个人，上场表演六个人，还有两人给我们拿滚灯。锣鼓乐队也一起去的，表演时他们伴奏。这次，我们翁梅滚灯队用大滚灯表演，甩起来有阳刚之气。如果用小滚灯，甩起来懒洋洋的，没有意思，也没有气势。

我们在那里表演了一个礼拜左右，都是晚上表演的。那个时候农村里已经实施土地承包经营了，我们白天回到家里在田里劳动，下午四点多再去杭州参加中日交流活动。

采访者：你们是晚上表演完了就回来，第二天下午再去？

汪妙林：是的，下午四点多的时候再去，吃过晚饭后参加联欢表演。这次，日本他们表演是搭台的，多数是表演他们那里的戏文，我们是滚灯表演。

采访者：日本朋友看到你们滚灯表演有什么反应？

汪妙林：他们看了我们滚灯表演，觉得滚灯这么大，还能舞得动、舞得有花样，感到很奇怪，都拍手叫好。他们有些人没有看到过滚灯，就拿起来看看、甩甩。

采访者：他们与你们有交流吗？

汪妙林：有的。有时候他们走过来和我们交流交流，有的想甩甩滚灯，可是他们怎么也甩不起来，很重呀。

采访者：那次你们在柳浪闻莺表演了哪些滚灯动作？

汪妙林：我们表演了七八个动作，难度最大的有"白鹤生蛋""蜘蛛吐丝""霸王举鼎"等。我们做"霸王举鼎"动作时，用三个滚灯拼起来，上面再放一个滚灯，一人站在最上面的滚灯上，再把一只大滚灯举起来。这个动作难度有点大，因为站上去高度有 2 米多。

采访者：当时是谁站在最上面的滚灯上的？

汪妙林：是我站上去的。

采访者：你是怎么站上去的？

汪妙林：有人扶一下，就能上去了。人站在滚灯上面，还要把一个大滚灯用双手举起来，不容易的。

采访者：这个动作你过去做过吗？

汪妙林：过去做过的，练习过几次，熟练了才能上得去。那时我已经五十一岁了，全靠平时在练习，所以还能站上去。

采访者：当时观看你们表演的观众有多少人？

汪妙林：观看表演的大概有六七千人。日本来参加联欢的有两辆

滚灯表演动作"霸王举鼎"

大客车的人，他们也是来表演节目的。我们在柳浪闻莺表演了一个星期，都是晚上表演的，晚上观看的人多一点。

采访者：日本来参加交流演出的演员看了你们滚灯表演后有什么反应？

汪妙林：他们感到很惊奇，这么个大圆球能做出精彩的表演，所以对我们频频称好。他们中也有人想甩一甩，可甩不起来。也有人来拎拎滚灯，掂掂分量，有的拎也拎不动。滚灯一定要学过，没有学过是甩不起来的。

采访者：甩滚灯也是一门技艺，是要经过训练的。

汪妙林：甩滚灯时，手的技巧是很要紧的，手抓滚灯的位置有讲究的。比如做缠腰动作时，左右手交换时，两只手一定要一直抓在同一个位置上，如果你一抓不住，滚灯就会飞出去的。手抓住滚灯后，要让滚灯一直转动，那才叫滚灯。转起来就有花了，你滚灯不转动，那就不叫滚灯了。缠腰时，滚灯在你腰间前后绕圈，人的腰要转动，滚灯也要不停地转动，让它快速滚动，这就好看了。

采访者：柳浪闻莺这次交流活动，是你们翁梅滚灯队成立后第一次参加国际性的交流活动吧？

汪妙林：对，是第一次。滚灯长期在民间，外国人过去是看不到的，这次两大客车的日本客人，和我们进行了交流。日本朋友他们主要是做戏文，也是他们古老的传统艺术。这次表演结束后，县里给了我们一张奖状，送给乡文化站的。

采访者：1996 年你参加了这次活动后，回来有什么感觉？

汪妙林：我感到我们传统的滚灯可以走出去，到杭州等大城市去，还可以表演给外国人看，所以心里很高兴、很激动。

采访者：老汪，这次是不是你最后一次到台上去参加滚灯表演？

汪妙林：我没有放弃滚灯，这以后还是参加了很多次滚灯活动。从那以后，滚灯更加红火起来了，关注余杭滚灯的人也多了，特别是2008 年余杭滚灯参加北京奥运会开幕式前表演后，全国各地前来参观、采访的人更多了。每次来采访我，我都介绍滚灯的发展，有时也

汪妙林常在小区空地上舞滚灯

表演表演。

采访者：自从参加杭州这次活动以后，翁梅滚灯队人员数量有增加吗？

汪妙林：参加柳浪闻莺活动回来以后，我们滚灯队逐步扩大。那时，农村农田承包经营了，农民田里生活也多了，大家比较忙，所以我们滚灯队是逐步逐步发展，不断扩大的。

采访者：后来有女同志参加滚灯队吗？

汪妙林：到后来有的。大概是 2001 年吧，有四个女同志参加滚灯队，我女儿也参加了，还有我堂弟的女儿，叫阿娟，另一个叫金水凤，还有一个叫唐月芬，她们都是三十几岁的人，这样就成立了翁梅女子滚灯队。我教她们时，问她们："你们力气小，练习滚灯'蜘蛛吐丝'动作要用牙齿咬住的，能不能行？"她们都说可以的。女同志力气比较小，她们甩的是小滚灯。我用了一个星期左右时间，在晚上教她们，她们都能做缠腰动作了。你只要肯学，学起来还是比较快的。四个女同志白天有家务或者劳动，现在住在一个小区，晚上可以集中起来教她们。在前年的元帅庙会上，我带着她们去参加表演了。

采访者：你女儿在参加滚灯队前，就跟着你学习甩滚灯了吗？

汪妙林：我女儿小时候看我甩滚灯，就比较喜欢，她是参加滚灯队以后开始学习甩滚灯的。现在我小孙女在浙江大学读书，大二了，有时她回家，我们正在训练滚灯，她也会来参加甩滚灯，我教她；所以她现在也会甩滚灯了。

采访者：你教女同志甩滚灯与教男同志甩滚灯会有区别吗？

汪妙林：区别就在于女同志力气毕竟小一点，学起来比较慢，甩的时间也不能太长，所以教她们的时间就比较长。我到临平山上教解放军战士甩滚灯，他们都是小伙子，力气大，学学就很快了。去年我去临平第一中学教学生甩滚灯时，就比较吃力了。他们是初二的学生，年龄才十二三岁，力气还蛮小，教起来就比较吃力。今年学校又要我去教了，是初一的学生。这样，学生能够一批一批接上。我觉得在学校传承发展甩滚灯是最好的，因为他们来自五湖四海，毕业以后去不同的地方，他们可以作为种子，在社会上传播发展，对滚灯的传承光大是最好的了。

九、我想培养一批新传人

采访者：改革开放后，党和政府重视民间艺术，余杭滚灯也得到发展，不仅有男同志参加，还有女同志和学生参加，而余杭滚灯的发源地在你们这里。

汪妙林：是的呀，是在我们翁梅，所以原来叫翁梅滚灯，后来县里推广发展，文化部授予余杭县为民间艺术（滚灯）之乡后，滚灯在余杭遍地开花，这才叫余杭滚灯。文化部有一位领导也到我们村里来过，在我们村老年活动中心里观看我甩滚灯，我很高兴。

采访者：据你了解，滚灯在翁梅这里产生至今有多少年了？

汪妙林：从我爷爷那里听说滚灯在这里产生很早了，在钱塘县时就有了。刚解放时，翁梅乡这里也还有几个年纪大的人会甩滚灯，一个叫陈水法，还有个姓施的，还有两个名字叫不出来了。

滚灯在这里产生是很早的，这里是钱塘江沿岸，过去这里是晒盐的，原来这里江滩上都是草房子，用一块块木板搭起来，都是晒盐用的。盐业发展后，老百姓经济条件好了，钱塘江里有海盗，经常来抢东西、抢钱。我爷爷就是被海盗用铁链拴起来，把他脚骨敲断了。之后为了抗击海盗，村坊就发展滚灯，显示村坊实力强大，海盗就不敢来了。我听我奶奶说，有一次，海盗来了，敲我家门，我爷爷从草房边上逃出，敲起了锣，村坊上的人知道海盗来了，就甩起滚灯，海盗看到这东西不知是什么，就连忙逃跑了。后来海盗就不敢来了，村坊就太平了。自从那次后，村里更加团结起来了，生活也比较安定了，滚灯也传承下来了。

采访者：新中国成立前，这里甩滚灯的人多吗？

汪妙林：新中国成立前，这里会甩滚灯的有我爸爸、我小伯，还有钱老虎等，他们一起甩滚灯。

采访者：滚灯一开始就是用竹子编的吗？

汪妙林：是用毛竹片编的，由专门的篾匠师傅编扎。做滚灯的毛竹有讲究的，一定要是老的毛竹，要八年以上的老毛竹，如果是新毛竹做的滚灯只有一年好用。老毛竹做的使用寿命长，因为有韧性。毛竹老的十年以上的也有。我们这里没有毛竹，是到瓶窑的黄湖、百丈山区去买的。过去运毛竹，是从溪里放竹排流出来的，竹排流到瓶窑大溪里，瓶窑有竹木码头。做滚灯的篾匠到瓶窑去购买毛竹回来，锯成段，再劈成竹片。

采访者：编滚灯要用几根毛竹片？

汪妙林：要用十根毛竹片。余杭滚灯编扎与上海奉贤的滚灯编扎不一样，奉贤编扎一只滚灯用十二根毛竹片，我们这里用十根竹片。滚灯编扎好，每个大孔都是六边形的。我感觉，与奉贤的滚灯相比，我们这里的滚灯舞起来更好看，特别圆。

采访者：编滚灯的毛竹片宽度和厚度是多少？

汪妙林：编扎大滚灯的毛竹片4厘米宽，厚度就是把竹片黄篾去掉，削削光滑，有多厚就是多厚。表皮去掉后，用油油（浸润）一下，这样既光滑，又能增加使用寿命。滚灯编扎时不能用钉子钉的，不能用铁丝扎，也不能用绳子捆。

采访者：这是为什么？

汪妙林：我想想嘛，就是要把滚灯编扎得结实，主要是甩滚灯时不会弄伤手。

采访者：现在你们这里还有谁能编扎滚灯？

汪妙林：现在这里的莫德兴能编扎滚灯。他是我们翁梅乡红联村人，他从小就学做篾匠，编滚灯有好多年历史了。他编的滚灯质量好，现在余杭区内大小滚灯都是他编扎的。他父亲大概也是做篾匠的，是祖传的（手艺）。我觉得我们这里的滚灯编扎得圆，好看。

采访者： 过去都是编的大滚灯吗？

汪妙林： 是的，过去都是大滚灯，没有小滚灯的。大滚灯原汁原味，小滚灯是舞台上表演表演，给人看看的。

采访者： 最大的滚灯，大到什么程度？

汪妙林： 最大的滚灯直径 1.8 米左右，跟我人一样高。我身高 1.81 米呀。大滚灯是我们这里的传统。余杭滚灯成为国家级非遗项目后，县（区）文化馆发展了小滚灯，在舞台上表演。过去都是大滚灯，滚灯越大，表演的动作就越少，难的动作不太好做了，因为它本身有 80 多斤重。后来我们这里也有直径 1.5 米的滚灯，现在尺寸基本上是 1.2 米左右。我年轻时甩过 1.8 米的大滚灯，做缠腰动作，一次能甩十多分钟，甩的时候真的要牙齿咬咬紧的，是很吃力的。一定要力气大才能甩。我小伯用 1.8 米的大滚灯做过"蜘蛛吐丝"动作，他是甩滚灯的好手。1.5 米的滚灯，我可以做"蜘蛛吐丝"这种高难度动作。一定要有力气，我年轻时，能一个人背起一袋一百斤重的大米。

采访者： 你小伯是哪一年过世的？

汪妙林： 他是 1997 年过世的。他个子和我差不多高，身体很壮实，他在我们村坊上算力气最大的一个了。他甩起滚灯来非常有劲道，我是跟他学甩滚灯的。

采访者： 滚灯里面挂了一个竹编的小球，它是起什么作用的？

汪妙林： 听我小伯说，1949 年以前，这小球里面是点蜡烛的，小球外面再用红布或黑布包住，这样舞起来蜡烛不会被风吹灭，晚上甩起来很美观。后来改用电子的灯了。小球用黑布包的，叫黑心灯，也叫武灯；用红布包的叫红心灯，也叫文灯。黑心灯甩的时候，毛竹片上可以加铁链条，把分量加重，可以加到一百斤、一百五十斤，就像现在的举重一样，比试力气，所以叫武灯。

黑心灯以前可以抢的，如果别的村坊上的人甩得比你好，甩得分量比你重，就可以把你村坊上的这只黑心滚灯拿走。那么被拿走滚灯的这个村坊不肯了，就互相夺滚灯，这样就会吵架了。但是历来规矩是允许抢的。红心灯叫文灯，文气一点，只作表演。

采访者：过去黑心灯出场的次数多不多？

汪妙林：我听我小伯说，过去黑心灯也不多的，要力气大的人才能去甩，因为它可以加重的呀，可加到一百斤、二百斤。你能甩到一百五十，就加到一百五十。有的人喜欢争，能甩得动，说明他力气大，在村坊上有名气。天外有天，山外有山，力气大甩得动的人是有的。黑心灯以前出场也蛮少的，基本上都是红心灯。后来黑心灯取消掉了。经常有为抢黑心灯而打架的，所以我没有看到过甩黑心灯，是我小伯讲起过这个事情。

采访者：在过去，滚灯是大家在一起甩的，还是一个人甩的？

汪妙林：出去表演的话总是三四只滚灯在一起甩，热闹一点。过去一个村坊只有一只滚灯，出庙会时，各村派出滚灯参加。一只滚灯出去，需要三个人轮流甩，老是一个人甩是吃不消的。那时候还没有滚灯队，就是由各村派出来的。那一只滚灯也不是村里的，是个人家里的。所以滚灯活动都是自发的，自己高兴时就出去表演一下，你学了以后搁置起来就没有意义了，总是要去甩甩，也让大家欢乐欢乐。"文化大革命"结束以后，滚灯活动就成为表演性质的了，政府也开始组织滚灯活动，庙会、踩街等各种场合表演一下。

采访者：滚灯出去参加活动有没有一些讲究的？

汪妙林：我们这里讲起来，滚灯是吉祥之物，所以滚灯在参加大型民间艺术活动时，总是排在前面的。滚灯、龙灯、马灯……这样排下去的。滚灯总是排在最前面的，这好像很早就形成了这个规矩。庙会这种热闹场面，滚灯舞动起来比较威武，也可以为游街队伍开道，寓意滚滚向前。

采访者：滚灯队在一个地方停下来表演时，表演的动作有没有先后顺序的？

汪妙林：先是锣鼓敲起来，敲《急急风》，就像要打仗出征一样，这样表演者劲道也鼓动起来了。然后四个滚灯一起出场，先做缠腰动作，先滚起来，锣鼓敲得紧，滚灯就转得快，锣鼓停止了，缠腰动作结束，接着就一个一个表演其他动作。缠腰动作做的时间长短，根据每个表演人的力气情况而定。缠腰动作转得快，滚灯就转得快，非常好看。接着表演的动作很多，有两个人表演"蜘蛛吐丝"。两个人表演"白鹤生蛋"时，朝相对方向同时跑，然后跨过滚灯，再把滚灯从背后举起来，举过头顶。如果动作做完的话，滚灯一共有九套二十七个动作。

九套二十七个动作，要与小滚灯配合起来才能完成，光大滚灯做不完的，因为大滚灯重，有的动作做不起来。今年"文化遗产日"期间，我去参加在丽水举行的浙江省非遗薪传活动。全省有许多地方都来参加的，其中海盐的滚灯也来参加的，有"白鹤生蛋"等表演，可他们没有"蜘蛛吐丝"动作。"白鹤生蛋"就是人从滚灯上跨过去，再把滚灯举起来，把蛋"生"出来。这个动作比较是难的，特别是大滚灯，比较高，人比较难跨过去。人跨过滚灯后，要把滚灯从人背后背起来也不容易，有一个窍门，就是人跨过后，用脚后跟向后踢一下滚灯，这样就能把滚灯翻过头顶。

采访者：滚灯表演难度最大的动作是什么？

汪妙林：难度最大的是"蜘蛛吐丝"，因为大滚灯分量重，把一根小绳子一头系在滚灯上，一头用牙齿咬住，然后连人带滚灯转起来，用两只手把球转起来，这样就好看了。滚灯转起来后，有向外拉的力，滚灯的重量就更加重了，这个力全部吃在牙齿上，这时全身的力度都要用在牙齿上。

牙齿一定要咬紧绳子，如果咬得不紧，牙齿就会崩掉。我是二十多岁时会做这个动作，到五十多岁时就做不起来了，因为牙齿不行了。我五十多岁时牙齿就掉了。现在我儿子四十多岁，还可以做。

采访者："蜘蛛吐丝"动作能做多长时间？

汪妙林：最多三四分钟，时间长了，头要晕的。所以做这个动作，人要有坚强的意志，不要怕，如果"怕"字当头，不敢做，你就做不起来。做"白鹤生蛋"也同样，人从滚灯上跨过去也很难的，做得不好，人要摔跤，牙齿也要磕掉的。我们村里的胡水法，他就是在练习"白鹤生蛋"动作时，脚被滚灯绊牢了，跨不过去，人扑在地上，把牙齿磕掉了。后来他镶了牙齿，从此他就不敢做了。所以，学习难度大的动作，一定要有坚强的意志。我在练习时也摔过几跤，就是牙齿没有磕掉过。

采访者：现在你们西安（社区）滚灯队里能做"蜘蛛吐丝"的有几个人？

汪妙林：现在有三个人能做。一个叫高德清，三十多岁，一个是我儿子，还有一个名字一下子叫不出了。我现在想再多培养出几个来。我儿子是会做这个动作好几年了，还有两个是今年学会的。今年我把滚灯队调整了一下，有几个老队员年纪大了，充实了新的力量，这两个人就是今年参加滚灯队的。

西安滚灯队成立有十多年了，所以有的人员换了一下，表演起来生动一点。这几个年轻人都是当过兵的，部队里出来的意志比较坚定，力气也大。经过人员调整，我们滚灯队就又是一个新的滚灯队了，新队成立至今已经有五个月了。

采访者：更新以后的西安滚灯队是你在组织训练吗？

汪妙林：我为了培养新的传承人，一直在教他们，教会他们做动作的要领。现在有三个人能做"白鹤生蛋"和"蜘蛛吐丝"动作了。学习这两个动作的时间（快慢），一方面根据我的教学，另一方面根据每个队员的悟性高低，你敢不敢跳，如果胆子大，敢跳，学得就快了。他们在跳的时候，我站在滚灯前面，他们跳过来时，如果跳得不

在滚灯上系好绳子，准备表演"蜘蛛吐丝"动作

好，我就扶一下，不让他扑在地上，牙齿就不会磕掉了。

采访者：除了"白鹤生蛋""蜘蛛吐丝"这两个动作外，还有难度大的吗？

汪妙林：除了这两个动作，难度大的还有"霸王举鼎"。"霸王举鼎"原来是站在地上把大滚灯举过头顶。现在，我教他们时加大了难度，用三个滚灯拼在一起，在三个滚灯上面再放一个大滚灯，然后人站在上面的滚灯上，先做几个缠腰动作。你有力气，人站得稳，就多做几个缠腰动作，然后再把一个大滚灯举起来。

采访者：这个动作的难度在什么地方？

汪妙林：一个是滚灯是软的呀，人站在上面不容易立稳；还有一个是两层滚灯加在一起有两米多高，脚下又是软的，再要做动作就难了，弄得不好人就掉下来了，要求有一定的平衡能力。做这个动作既要力气大、个子高，又要胆子放大，敢于做才做得起来。我在教他们之前，自己先练习过，摸到要领，这样他们学得就快。

采访者：你们西安滚灯队现在能站上去表演的有几个人？

汪妙林：现在能站上去表演的有两个人，一个是我儿子，一个是高迪庆，还有两个人正在学。我在教他们的时候，要求他们胆子放大点，万一掉下来，下面会有人扶住的。正在学的两个人我看马上也要学会了。

采访者：你教他们学这个动作有多长时间了？

汪妙林：已经有五个月了。滚灯队调整后，我就想培养一批新的传承人，让余杭滚灯传承下去。所以，我就挑选年纪比较轻的、力气比较大的，先让他们练习缠腰动作，慢慢地熟练了，舞动起来就有阳刚之气。就说缠腰动作，你要做得好也不容易，右手去接左手转过来的滚灯时，手举得越高越好，最好要举过头顶，而且速度要快，越快越美观。滚灯、滚灯，就是要滚得快，这样才有阳刚之气。如果慢慢转动，就不好看了。我们翁梅传统滚灯，就讲究阳刚之气。缠腰动作练习后，我开始教他们做"霸王举鼎"这个动作。

采访者：滚灯队去参加庙会等活动表演之前，有没有什么仪式？

汪妙林：听我爸爸、小伯说过，1949 年以前，滚灯参加庙会活动前，要去庙里上上香，叩拜一下，祈祷滚灯出门活动表演顺利平安，然后在庙前表演一下，再出去活动。1949 年以后，每次元帅庙会举行时，滚灯队领队先到元帅殿祭拜一下，然后参加元帅庙会民间艺术巡游，要走二十多里路，到每个村坊的接风台前祭拜一下，再表演一下。这一路上一共有二十三个接风台，除了滚灯还有十多支民间艺术队伍，所以巡游活动要一天时间。

后来已经没有这个仪式了，如果明天要出去表演，那么今天晚上就集中起来，练习一次，要做到心中有数。我们是农民滚灯队，白天大家都在干活、上班的，晚上训练。如果第二天要出去表演，前一天晚上一定要练习一下、熟练一下，防止第二天出去表演倒霉（即出差错）。第二天出去表演，不能喝酒，老酒一点都不能吃。老酒一吃，动作就做不好了，尤其是"霸王举鼎"动作，人站到上面去，就有危险性了。出去表演前要注意休息好，把身体养养好，关键是"认真"两字。出去表演时，做动作中间不能停顿的，停顿一下就失败了。一个人一次表演大概四分钟，可以做十来个动作，包括三个高难度动作。四分钟下来，人都要出汗了，需要休息一下。连续做，人吃不消的。

采访者：今年的元帅庙会，你们滚灯队去了几个人？

汪妙林：我们去了六个人，六只滚灯。在每个接风台进行表演，每个接风台准备了茶水，还会给表演队伍一个小红包，有三十元的，有五十元的，也有一百元的。今年二十三个接风台，我负责收红包的，后来到村里一起拆开，滚灯队共收到三百多元钱。

采访者：你们收来的红包的钱怎么开支？

汪妙林：这个钱用于滚灯队训练开支，有时白天训练就给队员发点劳务补贴费。因为年纪轻的本来要上班的，还要养家糊口，给予适当补贴。我们滚灯队经费收支有记账的，蛮正规的。

十、一定要传承传统滚灯

采访者：老汪，你们西安滚灯队一直以来都是男的吗？

汪妙林：开始时一直都是男的，因为这是力气活，女同志力气不够。后来有了小滚灯后，就有女的参加了，成立了女子滚灯队。大滚灯一定要原汁原味地表演，只有男的才行。我们农村里的滚灯，我的想法，在传承的时候一定要坚持三条：一是要用大滚灯，二是动作表演要原汁原味，三是要有阳刚之气。

采访者：你这三条是滚灯表演的精髓。老汪，这里有一张女同志甩滚灯的照片，她是你女儿吗？

汪妙林：不是我女儿，她是村里负责抓滚灯队工作的，是村里的文书，叫金晓。她对滚灯队很支持的，今年她好几次来参加滚灯队活动了。特别是今年对国家级传承人进行传承实践评估的工作中，许多活动资料、照片，都是她帮助收集整理的。这个事情全靠她出力了。

采访者：1996年，（余杭）市文化局在莫干山召开余杭市特色文化建设研讨会，胡健民局长主持召开的，我也参加了。在这次会上，确定将滚灯作为余杭特色民间艺术项目在全市推广普及，1997年，全国万里边疆文化长廊建设现场会在杭州召开，浙江省举办了一个晚会，余杭滚灯、海盐滚灯一起去参加表演了，那次你有没有去？

汪妙林：那次我没有去。1996年以后，滚灯在余杭各地发展很快，全市（区）建立了十五支滚灯队。2006年，余杭滚灯列入第一批国家级非物质文化遗产代表性项目名录，我个人是2012年被评为余杭滚灯国家级代表性传承人，2013年我去金华参加了省里国家级传承人颁证仪式。

采访者：1997年以后，（余杭）市文化馆发展了女子小滚灯表演，你对这是怎么看的？

汪妙林：我的看法是，大滚灯是我们余杭的传统滚灯，是原生的，原汁原味的，历史很长了，小滚灯是后来发展起来作为表演性质的。我们保护传统，一定是要大滚灯，坚持原汁原味。但小滚灯也有它的好处，表演的花样可以更多。可是小滚灯的出现，也给大滚灯发展带来一些影响，出去表演大多是小滚灯了，大滚灯出去表演少了，因此有专家担心：余杭滚灯传统动作会不会失传？许多媒体来采访的话，都到我这里来采访；而出去表演，基本上是小滚灯。不知道滚灯的人，觉得小滚灯好看，而专家知道这不是传统的余杭滚灯，所以专家感到余杭滚灯的阳刚之气没有了。所以我们一定要坚持原汁原味地保护滚灯、传承大滚灯。有一次开会时，我提出文化馆要做几只大滚灯，出去表演要大小滚灯结合。后来他们出去表演时，来我们这里借了两只大滚灯，在滚灯上扎了花。而我们表演时就不需要扎花，就是毛竹片，原汁原味的。滚灯作为非遗项目，一定要以原来的大滚灯表演为主。传承大滚灯的表演动作，是我作为传承人的职责和义务。余杭滚灯保护传承的水平不能下降，一定要提高。出去表演一定要大小滚灯结合起来，人可以多一点，要突出大滚灯表演。

采访者：中泰武术学校建立滚灯队，他们的表演你看到过吗？

汪妙林：我看到过的，他们也是以小滚灯为主的，加入了一些武术动作。2008年，他们在（余杭）区体育馆排练，好像是要去参加北京奥运会开幕前表演，我也去看了。那天，浙江卫视有个记者，说要到我家来采访我，我说"不要来了"，就因为我对滚灯表演中没有大滚灯参加有些想法。当时还是用铁做的滚灯，这是"死"的呀，给人看看的，这个不是滚灯了。滚灯是"活"的，是可以舞动的呀。开奥运会之前，中央电视台本来是到我家里来采访我的，当时文化馆工作人员一起过来的。

这可能是导演的设计、演出的需要，因为北京"鸟巢"很大，当然这个不是传统的余杭滚灯，但不管怎么样，它是打着"余杭滚灯"这个牌子进去表演的。在北京奥运会开幕式前进行了三分钟的表演，向世界展示了余杭滚灯。

表演了三分钟，浙江省就只有这个节目参加。光荣是光荣的，但我总感到有点遗憾，没有原汁原味地表演我们这里的大滚灯，而且是

2008年，余杭滚灯走进北京奥运会

从武警部队抽调的人参加表演，总是有点遗憾。今年，浙江音乐学院有一个班，也要学习余杭滚灯，我去教了。他们用的虽然是小滚灯，但学的动作都是大滚灯表演的动作，把这些动作融入小滚灯表演中。我教了一段时间后，"白鹤生蛋""蜘蛛吐丝"的动作有些人会做了，他们有基础，学得也快。

十一、滚灯有二十七个动作

采访者：老汪，余杭滚灯在翁梅这个地方已经传承了八百多年。在世代的传承中，经过几代滚灯传人的不断实践、摸索、总结，形成了滚灯表演基本的动作套路，你知道滚灯表演有多少个动作套路吗？

汪妙林：现在滚灯表演有九套二十七个动作。其中，有些动作平时用得比较少，有些动作如"白鹤生蛋""霸王举鼎"等，我在传教过程中，在传统的基础上做了一些创新发展，增加了好多新的动作和难度。这样动作多一点，让滚灯表演更加丰富多彩一点。

采访者：那现在请你把二十七个动作分别介绍一下。
汪妙林：可以的。

采访者：听说第一个动作叫"王祥卧冰"，这个动作是怎么做的？
汪妙林：我们说起来，王祥是个孝子，有"卧冰求鱼"的传说。"王祥卧冰"这个动作，人先站着，把滚灯放在地上，从左到右转动

《余杭滚灯动作套路之》
蜘蛛吐丝

《余杭滚灯动作套路之》
鹧鸪冲天

余杭滚灯动作套路之
张飞跨马

余杭滚灯动作套路之
燕子高飞

余杭滚灯动作套路之
武松盘头

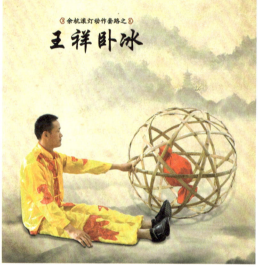

余杭滚灯动作套路之
王祥卧冰

余杭滚灯动作套路之
刘海戏蟾

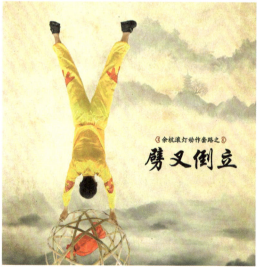

余杭滚灯动作套路之
劈叉倒立

《余杭滚灯动作套路之》
荷花争放

《余杭滚灯动作套路之》
鲤鱼卷草

《余杭滚灯动作套路之》
和尚托钵

《余杭滚灯动作套路之》
纯阳拔剑

《余杭滚灯动作套路之》
左右虎跳

《余杭滚灯动作套路之》
白鹤生蛋

滚灯；然后人仰卧在地上，滚灯放在头顶部位，右手抓住滚灯，从头顶往人身体左边向下转动，转到脚的时候，双腿抬起，滚灯从腿下面转到身体右边。这样反复几次，最后人坐起来，滚灯再从左到右转动几次。

采访者：第二个动作是什么？

汪妙林：第二个动作是"和尚托钵"。就是好像过去和尚化缘时手上托着一个钵。表演者站八字步，一手抓住滚灯，把滚灯举起来，举过头顶，然后再滚灯往下，左手叉腰，右手一举托起滚灯，手要伸直。这个动作需要手臂的力道。

采访者：第三个动作叫什么？

汪妙林：叫"霸王举鼎"。

采访者：霸王就是楚霸王项羽，他力能扛鼎，很厉害的。

汪妙林：是的呀。滚灯表演好多动作名称是用了历史典故，很有意思的。"霸王举鼎"动作，做的时候，人站在滚灯前，右脚上前一步，呈弓步，然后右手抓住滚灯，一举从背后举过头顶。

采访者：这个动作与"和尚托钵"好像一样的？

汪妙林：不一样，"和尚托钵"是用手托住滚灯，"霸王举鼎"是用手凌空举起滚灯。

采访者：那第四个动作是什么？

汪妙林：第四个动作是"旭日东升"。它这个动作的做法是，双手抓住滚灯，左腿向前，呈左弓步，然后，把滚灯一举从前面举过头顶。这个动作与"霸王举鼎"不同的是，"霸王举鼎"是从人后面举起滚灯，"旭日东升"是从前面举起滚灯，好像太阳从地面上升起来了。

采访者：这些动作的名称真的很有文化内涵。那第五个动作是什么？

汪妙林：第五个动作叫"关平捧印"。

采访者：关平是三国时期的一员名将，人称他力大无比，说明甩滚灯是要有大力气的。

汪妙林：是的，关平是关羽的养子。"捧印"就是把滚灯比作一个大印。这个动作的做法，是将滚灯放在人的前面，站八字步，左脚向前跨出半步，双手抓住滚灯向上举过头顶，双腿直立，再将滚灯向前捧出。

采访者：那第六个动作是什么？

汪妙林：第六个动作是"刘海戏蟾"。刘海是神话故事里的人物，传说他手中的金蟾能吐出金钱。这个动作的做法是，人站在滚灯前面，双手往后抓住滚灯后将滚灯提起来，举过头顶，然后双手伸直托举滚灯。这个动作可以反复做，力气大的多做几次，力气小的少做几次。

采访者：滚灯表演第七个动作是怎么做的？

汪妙林：第七个动作的名称很好听，叫"金猴戏桃"。就是把表演的人比作金猴子，把滚灯比作仙桃。孙悟空不是参加过王母娘娘的蟠桃会嘛？这个动作的名称很有意思，基本做法是，把滚灯围着人的腰，多甩几次，先从左转至右，再从后向前旋转。就好像金猴在戏玩桃子，将滚灯从这边滚到那边，再从那边滚到这边，要体现出轻松有趣。

采访者：那第八个动作是什么？

汪妙林：第八个动作是"金球缠身"。缠身这个动作是滚灯表演的基本动作和主要动作，就是滚灯在腰间缠绕翻滚。这个动作的基本做法是，人站八字步，站在滚灯后面，双手抓住滚灯，左手往右一推滚灯，右手顺势将滚灯向腰后旋转，然后左手接住滚灯再转动。这就是我们说的"缠腰"。这样反复多次，滚灯一定要在手上旋转起来，否则不叫滚灯了，而且要转得快、转出花来，这样看起来很好看。

滚灯转动有讲究的，就是靠手指扭动。开始时，手要抓住滚灯的两根竹片，扭动滚灯，转起来后抓住一根竹片。滚灯转动时，手一定要抓紧滚灯，万一抓不牢，滚灯要飞出去的。一定要抓住两根竹片，左右手交换，让滚灯转出花来，越花越好看。这是滚灯表演的基本动作。

采访者：老汪，第九个动作是什么？

汪妙林：第九个动作是"鲤鱼卷草"。表演时，人朝天仰躺在滚灯下面，双腿自然弯曲，双手抓住滚灯，同时用力拧灯，让滚灯从腰部滚向右腿，双脚提起，让滚灯滚过。滚灯到了左边的时候，左手接灯，再从左边滚至头顶。这个时候双腿伸直，然后将灯滚到右边，到腿的时候，双腿弯曲提起，这样反复转圈滚动。滚灯转动时一定要快，越快越好，这样就好看。

采访者：那么接下来第十个动作叫什么名称？

汪妙林：第十个动作叫"乌龙扫地"。这个动作就好像武术里的扫堂腿一样的。人站在滚灯后面，双手将滚灯用力举过头顶，然后放下，双腿下蹲，滚灯转到左边时，左腿踢出扫一扫；滚灯转到右边时，右腿踢出扫一扫。这样反复几次。这个动作主要是腿上功夫，左脚换到右脚，右腿换到左脚，这样表演。一般可以扫三四次。这个动作要求腿扫出去时，一要伸得直，腿伸得越直越好，二要有力道，腿扫出去时力道要大。

采访者：第十一个动作是什么？

汪妙林：第十一个动作叫"苏秦背剑"。苏秦是战国时候的人。这个动作就是把滚灯放在人的后面，人身体后仰，双手向后抓住滚灯，然后把滚灯背起来，翻过头顶至身体前面。这个动作也有个窍门，在双手抓住滚灯背起来的时候，右脚要顺势将滚灯向上一踢，踢上二十厘米，这样滚灯就容易翻起来，否则滚灯很重的，你一下难以翻起来，而且要举过头顶。

采访者：刚才是"苏秦背剑"，非常形象，那第十二个动作叫什么？

汪妙林：第十二个动作是"胡蜂叮人"。胡蜂（马蜂）要咬人的，有毒素的。这个动作的意思是，滚灯很快地转动，不让胡蜂有叮人的机会。做的时候，就是把滚灯举起来，左右摇摆，让滚灯快速转动，越快越好，让胡蜂叮不了人。

采访者：想出这些名称的人，真是有点水平的。那第十三个动作是什么？

汪妙林: "浪里白条"。

采访者: "浪里白条"是梁山好汉张顺的绰号，这个名称用在滚灯表演上是什么意思？

汪妙林: 对的，"浪里白条"是梁山张顺的绰号。用在滚灯表演上，就是滚灯放在地上，用手推一下滚灯，在滚灯向前滚动时，人跑过去，抱住滚灯，再翻跟斗一样从滚灯上翻过去。

采访者: 这个动作难不难？

汪妙林: 难的呀，大滚灯你很难扑上去再翻过去，弄得不好，要么翻不过去，要么头会磕在地上。所以在翻的时候，要用力跳起来，才能前扑，再翻跟斗。就像缠腰一样，滚灯大，你手控制得不好，一失手，滚灯就会飞出去。其实，"浪里白条"这个动作，就是人一边跟着滚灯走，一边翻跟斗，就像是在水里游动一样。

采访者: 老汪，滚灯表演第十四个动作是什么？

汪妙林: 是"鳑鲏戏滩"。它这个动作就好像是河里的鳑鲏鱼在河滩边晒太阳一样。这个动作的做法是，人站在滚灯一边，手将滚灯往前一推，滚灯滚动向前，人就跟着滚动的滚灯方向，在滚灯边上打"虎跳"，"虎跳"一个接着一个。表演时最好两只滚灯、两个人同时表演，这样会更加好看些。

采访者: 老汪，你会打"虎跳"吗？

汪妙林: 我会呀，打"虎跳"是小时候就会做了，经常打的，至少会连续做四个"虎跳"。做"鳑鲏戏滩"这个动作时，你推滚灯的力度大一点，滚灯滚动得就快，滚得就远。滚灯滚动时没有轨道，所以它不一定是直线，你人得始终跟着滚灯的线路走，而且要一路打"虎跳"。

采访者: 甩滚灯真的要具备多种本领。那第十五个动作是什么？

汪妙林: 就是"白鹤生蛋"。这个动作是滚灯表演中的一个高难度动作，人要从滚灯上跨过去，如果小滚灯好跨一点，大滚灯有1.8米高，就难跨了。做这个动作时，滚灯在人前，人小跑几步，双手在滚灯顶上一搭，双脚展开，人从滚灯上跃过去。人跨过滚灯后，还要把滚灯从背后背起来。如果你手没有撑好滚灯，脚没有展开，脚被滚灯绊住，人就会往前趴下去了，弄不好牙齿就要被磕掉、鼻子要磕破。所以手一定要按牢滚灯。人跨过滚灯后，要把这么重的一个滚灯从背后举起来，也不是容易的事。这时，你要用右脚跟把滚灯往上踢一下，那你手拉起来就省力了。

采访者： 这个动作练起来要花多少时间？

汪妙林： 这个动作有许多人练不出来，因为一是要有力气，力气要大，二是你要有胆子，胆子要大。有的人胆子小，跳都不敢跳。还有你一定要慢慢练习，掌握技巧。有一次，我们这里有一个人，他迫不及待地想做这个动作，结果牙齿被磕掉了。所以一定要慢慢学，慢慢练，要领要记牢，多练才能生巧。练习时旁边要有两个人看牢，到时候可以帮一把。另外，做的时候，先要把滚灯放好，不让它动，跳过去的动作要快，越快越好，而且动作要连贯。你人跳过滚灯后，要马上用脚一踢，滚灯就翻上来了，这个动作要快，要有连贯性，这样就"把蛋生出来"了。

采访者： 你讲的这些窍门非常宝贵，是你实践的经验积累。那么第十六个动作叫什么？

汪妙林： 叫"武松盘头"。梁山好汉中不是有个打虎的武松嘛，这名字说明甩滚灯的人也是大力士。这个动作就是人站八字步，双手将滚灯提起，突然发力，将滚灯举在头顶上空旋转，向左旋转几圈，再向右旋转几圈。这个动作需要人的腰部力量，靠腰的扭动带动人的扭动，再让滚灯旋转，转的次数越多越好。

采访者： 甩滚灯也要有武松打虎的劲头。那第十七个动作是什么？

汪妙林： 第十七个动作叫"张飞跨马"，张飞是三国时的名将。这个动作是，右手抓住滚灯，让它逆时针方向转动，然后右脚单腿抬起，迅速从滚灯上跨过；再换左手转灯，左脚抬起，迅速从滚灯上跨过。就像跨马一样，这样反复地做。这个动作主要考验你站的稳度，单腿站立，站不住的话人就会扑（摔）倒。做这个动作时，滚灯要转得快，人的腿跨得也要快。大滚灯，有一定高度的，腿就要抬得高，否则跨不过去。

做这些动作一定要大滚灯，才是原汁原味的。小滚灯的话，难度不大，就没有味道了。大滚灯才能显示出你的技巧。所以有些动作年纪大了就做不出来，因此我们西安滚灯队就重新换了年纪轻的队员，有几个都是从部队里回来的，经过部队大学校的锻炼，就比较好。三十岁左右做起来是最好了。

采访者：你刚才讲的是第十七个动作"张飞跨马"，那第十八个动作叫什么？

汪妙林：第十八个动作叫"蜘蛛吐丝"，就好像蜘蛛在吐丝一样，所以这个动作与嘴巴有关系，它靠牙齿咬的呀。用一根短的小绳子，一头扎牢（紧）滚灯，一头咬在嘴巴里，用牙齿咬住，用嘴巴的力气把滚灯提起来，再用双手把滚灯旋转起来，然后凭颈部和腰部的力量发力甩动，让滚灯随着身体一起转动。滚灯转得越快越好，这才是滚灯。这个动作和"白鹤生蛋"是二十七个动作中难度最高的两个动作。因为大滚灯本身有七十多斤重，转动以后，它有离心力，加重分量，至少有八十多斤，这个分量全部吃力在牙齿上。咬的话，一定要把绳子咬紧，如果松的话，牙齿要掉的。这个动作一定要有力才能做，有力了做起来就轻松，看起来就有阳刚之气。

采访者：现在能做这个动作的人不多吧？

汪妙林：现在我们这里（西安社区滚灯队）有三个人会做，还有两个人在学。

采访者：那第十九个动作是什么？

汪妙林：第十九个动作是"纯阳拔剑"。

采访者：纯阳，就是吕纯阳，他是中国民间传说中的八仙之一。

汪妙林：对，就是八仙过海中的吕洞宾。"纯阳拔剑"这个动作就是把滚灯放在身后，人站八字步，半蹲，左手叉腰，右手向后抓住滚灯，突然发力，使劲把滚灯从身后经过头顶翻转到身前。"苏秦背剑"是用双手，"纯阳拔剑"这个动作是用单手。这个动作的难点是因为滚灯大，分量重，一只手要从后面举起来需要一定的力气和技巧，否则甩不起来。功夫要靠练出来的，熟能生巧。台上一分钟，台下十年功。

采访者：老汪，这是第十九个动作，那么第二十个动作叫什么？

汪妙林：叫"燕子高飞"。就是我们这里有的燕子，它在高飞。听起来好像这个动作很轻松，其实也不容易的。人围着滚灯打旋子，要一个接着一个地打，围着滚灯打一圈，而且打旋子时，双腿要跨过滚灯。

采访者：是呀，燕子飞翔，听起来很轻松，但人要围着滚灯连续打旋子，这很不容易。那么第二十一个动作叫什么？

汪妙林：叫"金鸡独立"。就是人用一只脚站在滚灯上面，双手叉腰，还要做下蹲的动作，然后再站起来。人不好站呀，滚灯是软的，不容易站稳当。这就要求表演者有很好的平衡能力，要有技巧。

采访者：这是"金鸡独立"，那第二十二个动作叫什么？

汪妙林：第二十二个动作叫"乌鸦扑水"。乌鸦是鸟，这个动作就像是鸟扑向水面的样子。

采访者：这个动作怎么做？

汪妙林：把滚灯放在表演者的前面，用双手推动滚灯，使滚灯向前滚动，然后人跑上去，跳起来，扑在滚灯上，双手向前伸开，身子随着滚灯的滚动滚翻在地上。这就跟乌鸦玩水差不多。

采访者：第二十三个动作叫什么？

汪妙林：叫"劈叉倒立"。做这个动作时，人抓住滚灯，把头顶在滚灯中间，然后双腿一撑，使人在滚灯上倒立起来，双腿再做劈叉动作。这个动作的难度是人倒立在滚灯上不容易，需要手和脚同时用力，这样人才能倒立起来。在做这个动作时，需要两个人各站在滚灯一边，扶牢滚灯，否则滚灯会动，人就更加不容易倒立了。

采访者：那第二十四个动作是什么？

汪妙林：这个动作叫"鹧鸪冲天"。这个动作和上面的"劈叉倒立"差不多，人也要在滚灯上做倒立动作，只是这个动作要求两只脚向斜的方向打开，一会儿向左，一会儿向右，这要求保持人的重心平衡，相当不容易，年纪轻的人可以做。

采访者：这些动作都有难度，也要有技巧。那第二十五个动作是什么？

汪妙林：第二十五个动作叫"左右跨马"。这个动作与上面的"张飞跨马"差不多，"张飞跨马"是一条腿跨过滚灯，左右跨马是要两条腿都要跨。具体做法是，滚灯放在人前，右手抓住滚灯顶部，在滚灯转动时，右腿迅速跨过滚灯，同时人向左转身，提起左腿，再从滚灯上跨过。就是滚灯到右边时，跨右脚，滚灯到左边时，跨左脚。跨的时候腿一定要提得高、伸得直，不能弯曲，否则这么高的滚灯跨不过去的。

采访者：老汪，第二十六个动作叫什么？

汪妙林：叫"左右虎跳"。就是打"虎跳"。这个动作要两个人一起做，站在滚灯两边，同时把滚灯往前推动，滚灯在滚动时，人就在滚灯两边打"虎跳"，滚灯不停，"虎跳"不停。如果把滚灯推得重的话，人可以连续打四五个"虎跳"。

采访者：第二十七个动作，也就是最后一个动作叫什么？

汪妙林：最后一个动作叫"荷花争放"。这是滚灯表演结束时的一个动作。过去滚灯表演不管你前面做了多少个动作，要结束时的动作一定是"荷花争放"，又叫"开荷花"。就是几个人上场表演一会儿滚灯旋转动作后，人倒立在滚灯上，双腿劈横叉，寓意荷花开放了。这个动作难度也是很大很大，人不仅要倒立在滚灯上，还要双腿劈成"一"字，是倒劈"一"字。滚灯会动的，毛竹片又是软的，表演的人既要有力气，又要有技巧，只有技巧也不行。在表演的几个人中，最多两个人能做这个动作，因为难度太高了。所以滚灯表演这二十七个动作中，有七八个动作难度很高的。

采访者：老汪，你刚才把传统的滚灯表演二十七个动作全都讲了一下，你这些年来，在传统的基础上，对有的动作做了新的改进，有哪些新的动作？

汪妙林：我在这些年的传承中对一些传统动作有新的调整，比如"霸王举鼎"，原来是一人站在地上举起滚灯，现在我用三个大滚灯拼放在一起，再在三个大滚灯上面的中间再放一个大滚灯，然后人站到上面的滚灯上，再把一个大滚灯举起来，举起来后再转动滚灯。这样难度加大了，可看性增强了。

采访者：你除了对"霸王举鼎"有新的改进和发展外，还有其他拓展性的发展吗？

汪妙林：还有滚灯表演出场，原来是一个一个滚灯轮流出场表演，我感到比较单调。所以我现在是安排三只、六只或者八只滚灯同时一排出场，双手高举滚灯，再分队形交叉，交叉后再转三圈，然后进行动作表演。

采访者：对出场动作改进后，你觉得有什么好处？

汪妙林：这样集体出场，让人感到有气势，先让人感觉到一种热烈的气氛。除此之外，现在"霸王举鼎"动作最后除了一人站在滚灯上旋转滚灯外，旁边我还增加了四个人站在地上，把四只滚灯高举后再旋转起来，这样有五只滚灯在一起旋转，比原来好看多了。

采访者：你这几年在传承滚灯传统动作的基础上，有新的创造、新的发展，这很不容易。除了上面讲的外，还有新的发展吗？

汪妙林：还有对缠腰的动作，我也有些改进，原来是人站着旋转滚灯。现在除了站着甩，还增加蹲着做的缠腰动作，以及立起、蹲下连续三次，这就难度更大了，人蹲着做一定要力气大才行。

采访者：老汪，你作为一名余杭滚灯国家级代表性传承人，这几年在继承滚灯表演传统的基础上，经过自己摸索，使表演动作不断出新，不断地发展，这就体现了非物质文化遗产活态演变、活态发展的特征，你在这方面做得很好。作为一名代表性传承人，不仅要把过去的东西传下去，还要在传承实践中，不断地研究，随着社会发展有新的发展，要有一些创新的东西。

汪妙林：是的，因为时代在发展，我们在传承实践中，要加进一些新的东西，传统的东西也要在新的时代适应社会新的需要，需要我们传承人不断摸索改进。

不过，我总是在想，老底子的东西，大的方面不能变，尽可能保持原汁原味，这个一定要坚持。

采访者：这一点你讲得对，传统的核心技艺一定要坚持。老汪，你刚才讲的九套二十七个动作，你们出去表演时是不是全套都要做的？

汪妙林：一般来说，做全套是吃不消的，不同地方表演，动作调换一下。但是，"白鹤生蛋""蜘蛛吐丝"这两个动作，是去每个地方必须要做的，每个地方都做，而且是两个人一起做，一个人太单调。

采访者：现在你教出来的新一代传承人，比你原来表演的动作还要多了，有新的发展，这才是滚灯保护必须走的路。随着时代发展、人们审美需求的变化，滚灯的表演技巧、表演动作、表演形式、表演内容都要有一个新的变化。

汪妙林：对的，我们现在滚灯表演的一些动作，比如缠腰动作，在小区里表演后，很多人都学会了，以后他们就可以教别人。甩滚灯，有些动作要讲究技巧，有些动作要力气大，关键是要把老底子传下来的东西学到手。看看很简单，但要真正学会不容易，既要力气大，又要肯学，不怕苦不怕难。我常对学习滚灯的人讲，你要不怕苦，要吃苦耐劳。你如果怕难怕苦，就学不会的。

采访者：老汪，你刚才讲了滚灯表演九套二十七个动作，过去你们在表演的时候，有没有音乐伴奏的？

汪妙林：过去滚灯表演时，大的乐队是没有的，只有大鼓、大锣、小汤锣，还有吹吹的唢呐。后来改革开放后的一段时间，有时有铜管乐队伴奏了，那次去杭州柳浪闻莺参加中日联欢活动时，我们西安村的铜管乐队也去了。滚灯表演时，锣鼓和乐队轮流伴奏。后来我感到用铜管乐队配滚灯表演味道总是两样的，不相配，一定要用锣鼓伴奏，这样才是原汁原味的，锣鼓敲起来，表演的人劲道就来了。所以后来滚灯表演就不用铜管乐队伴奏了。我觉得就是在舞台上表演，也还是用锣鼓伴奏的好，这是传统滚灯表演的特色。

十二、有责任把滚灯传下去

采访者：老汪，余杭滚灯进入国家级非物质文化遗产名录的情况你是怎么知道的？

汪妙林：我知道余杭滚灯是第一批国家级非遗名录项目，那是2006 年的时候，区非遗办陈清打电话告诉我这个消息。我听到后，作为滚灯世家的传人，心里非常激动，高兴得不得了，这是滚灯几百年来从未有过的事情。当时区非遗办文闻和陈清两位同志工作非常认真，对滚灯保护传承工作非常关心。2012年我被认定为国家级代表性传承人，也是他们很快就告诉我的，并表示向我祝贺。

采访者： 余杭滚灯被列入国家级非遗名录后，你做了许多事情，请你给我介绍一下。

汪妙林： 余杭滚灯被列入国家级名录后，我就开始组建一支西安村的滚灯队。以前只有乡里有一支滚灯队，要出去表演了就集中一下。我就在我自己所在的西安村（社区）发展滚灯表演队伍，扩大传承人群。这样，乡里、村里都有滚灯队了。

2008年，上海奉贤发通知过来，他们的滚灯队成立十周年搞庆祝活动，邀我们余杭滚灯去参加。这样，我们余杭、海盐、江苏太仓和奉贤四支滚灯队集中在奉贤，进行交流表演。那次，他们指名道姓要传承人去参加，当时我是省级代表性传承人。我们余杭去了七个人，文化馆翁坚民老师带队去的。余杭滚灯制作的传承人莫德兴也去的。奉贤这次活动规模搞得蛮大的，表演的舞台搭得很大。这样，翁坚民老师觉得表演的人要多一点，她就连夜赶回余杭，再把余杭滚灯上北京的那批人叫了过来。

采访者： 老汪，我们再梳理一下你们家的滚灯传承脉络，从你爷爷开始传下来，已经传了几代了？

汪妙林： 从我爷爷那里开始，已经传了三代。我爷爷一代，我爸

滚灯扎制艺人莫德兴在制作滚灯

爸和小伯一代，再是我这一代。我爸爸他们一代三兄弟，我爸爸和我小伯会甩，我大伯他不会甩。

采访者：你学习甩滚灯是向你爸爸学的，还是向你小伯学的？

汪妙林：大多动作是向我爸爸学的，我爸爸"白鹤生蛋"动作会做，"蜘蛛吐丝"动作不会做，这个动作是向我小伯学的。我家里负担重一点，他平时甩得比较少。我爸爸牙齿不行，所以"蜘蛛吐丝"他没有做过。基本的动作我是跟我爸爸学的。我的牙齿蛮好，到现在只掉过中间一颗牙齿，所以我做"蜘蛛吐丝"动作时，咬绳子往边上的牙齿靠的。

采访者：现在叫你做"蜘蛛吐丝"还能行吗？

汪妙林：现在不行了，现在我当门几颗牙齿（门牙）都已经松动了。

采访者：你爷爷传到你是传了三代，后来你传了几代了？

汪妙林：现在我儿子我也教会了，他这些动作都会做。我孙子在读初中二年级，我也在教他甩滚灯，他已经学会了缠腰动作，再过两三年，一些高难度动作我也要教他了，因为他现在力气还不够。我女儿，我也教她甩滚灯，在她十七八岁时我教她学的，后来她家里忙就甩得少了。2007年，我们这里土地征用拆迁，我女儿家和我家都住在一个小区了。西安社区滚灯队成立后，四个女同志也想参加，其中我女儿也一起参加滚灯队了。她们四个人商量好，成立女子滚灯队，要我教她们。她们想学，我一定会教，哪怕是陌生人来学，我也会教他们的。四个女同志现在都会做一些基本动作了，缠腰动作她们也都会做。如果想学，学的速度就快。

采访者：你在家庭传承的同时，是不是也同步做好社会上的滚灯传承工作？

汪妙林：社会上的传承工作嘛，2006年余杭滚灯列入国家级非遗名录后，党和政府对滚灯发展传承更加关心了。我想，我有责任把余杭滚灯一定要传承下去，所以就在西安村成立了滚灯队。滚灯队建立后，我一个一个地教他们，教会了以后，就一道出去表演。政府重视后，我做好传承工作的热情更加高了，尽管自己年龄也比较大了，但总想为余杭滚灯传承多出一份力。

采访者：听说你还去当地部队传教滚灯。

汪妙林：是的。2017年，驻临平山上的雷达部队想建立战士滚灯队，他们通过南苑街道文化站介绍，要我去部队教战士练习滚灯。我听了后很高兴，马上答应了。我去教了他们十来次，他们学得很快，后来我把滚灯全套动作都教会他们了。他们部队有八九个战士参加滚灯学习，都没有基础的，当初去的时候，他们连什么是滚灯也不知道的。我考虑部队工作忙，还是我上山去教。从我家到临平山有好长的路，我去教时，他们说开车来接我，我说你们很忙的，不要到我家里来接，我会骑电瓶车到临平山脚下，你们到山脚接一下好了。因为上山比较陡，电瓶车不好开。他们学习用的滚灯也是我带上去的，后来

汪妙林在指导徒弟练习滚灯动作

我把滚灯也送给他们了。后来部队要给我报酬，我说我一分钱也不要的。去年八一建军节时，南苑街道去山上慰问部队，街道叫我也参加了，我很高兴。

采访者：你教了战士哪几个滚灯表演动作？

汪妙林：基本动作我都教了，有缠腰、"白鹤生蛋"，再教他们把滚灯前后各转三圈，人躺下，滚灯转三圈，人站起来，再转三圈。有两个战士学会了"蜘蛛吐丝"，有一个战士会做三个滚灯拼起来，再叠一个滚灯在上面，人站在滚灯上面的"霸王举鼎"动作。我还教了他们滚灯表演出场队形和动作。

有一次，我还要我儿子一起上山去教战士了，两个人教。我还把自己买的一个大鼓送给了部队滚灯队。去年，余杭非遗保护月启动仪式在临平人民广场举行，这支战士滚灯队也来参加表演了，观众看了都称赞，战士们也很高兴，能在这么多人面前表演。我看了也蛮高兴，教出成果了。

采访者：你传教的部队滚灯队能参加大型活动表演，你当然会高兴。这支滚灯队还去其他地方表演过吗？

汪妙林：去年庆祝新中国成立七十周年时，临平山部队滚灯队去了上海莲湖，参加上海部队国庆庆祝活动时进行了表演。临平山部队首长也叫我一起去了。那次活动很隆重的，部队一个礼堂里都坐满了人，临平山战士滚灯队作了表演，受到热烈欢迎。在这之前，上海部队文工团有人到临平山上来看过战士滚灯队表演，觉得不错，而且这是国家级的非遗项目，就这么选中了。选中后，部队告诉了我，要我一起去，我非常高兴。他们是一个班长带队，去了六个战士，在晚会上滚灯队表演了四分钟左右，表演得很好。回来后，部队首长非常感谢我，说没有我教，就没有这个节目，也没有机会去参加这么大场面的活动。我说，是你们学得好，我教你们是我的义务。

采访者：其实，这些战士就是你的徒弟，你亲手把他们教会的。除了去临平山上部队教滚灯外，你还去其他地方教滚灯吗？

汪妙林：2018年，临平第一中学组织了十个学生，想成立滚灯队，学习甩滚灯，要我去教他们。那年正好是他们学校四十周年校庆，施校长问我："三个月训练后，滚灯队在校庆活动时表演一下，

汪妙林在临平第一中学开展滚灯传承教学工作

可不可以？"我说："可以的。"他们是初中一、二年级的学生，我先给他们讲了滚灯的历史，是国家级的非遗项目，让他们了解一下基本知识。后来，每个星期六下午两点半开始，我利用两节体育课的时间教他们学甩滚灯。这些学生年纪都是十二三岁，甩大滚灯力气不够，我要学校做了六只直径 1 米的滚灯，适合他们训练。

采访者： 那对这些学生，你是怎么教的？

汪妙林： 我每个星期六都去教，下午两点半我就到学校了，等着他们来练习。教的时候，我先教他们滚灯表演的基本动作。这些学生也比较用心学，教了一个多月后，他们基本会做了，后面一个多月就是教他们把动作做熟练。我还教了两个学生学习"白鹤生蛋"的动作，这两个学生能从滚灯上跳过去，再把滚灯背起来。"霸王举鼎""蜘蛛吐丝"两个高难度动作因为学生年纪小，我没有教。后来学校开校庆纪念会时，学生滚灯队作了表演，经学校同意，我还叫来临平山上部队滚灯队四个战士，表演"霸王举鼎"和"蜘蛛吐丝"动作。学生和战士一起表演，也很有味道。

临平一中对传承滚灯非常重视，他们要给我报酬，我不要。我说："你们能把滚灯队组织起来，在学生中传承滚灯，我已经很高兴了，把余杭滚灯传承下去是我的责任。"后来学校通过村里，给我汇了两千元钱，我感到很难为情，我就花了七百多元钱买了一只大鼓，送给临平一中，表演滚灯时可用。我还叫我爱人买了红布，用缝纫机缝好，把学校里的六只滚灯里面的小球包起来，这样更加好看。我还用钱买了清漆，给学校六个滚灯油漆了一下，这样滚灯既有光泽，又光滑，用起来寿命也会长一点。今年，临平一中又组织了一个滚灯队，十个学生，是初中一年级的学生，又叫我去教了。今年是每个星期五下午三点开始教学，我已经去教过四个星期，每次两节课，后来因为我外出打门球了一段时间，停了几次。

采访者： 你除了甩滚灯，还会打门球？

汪妙林： 是的，我参加西安社区门球队已经十一年了。我们南苑街道一共有四个门球队，参加余杭区老年门球协会的。我每年要参加十五次左右的门球比赛活动。

采访者： 那临平一中新的滚灯队成立后，你又去教会了一批学生。

汪妙林： 我已经去教过四次。我感到临平一中对传承滚灯很重视，他们想以后每年对初一学生进行滚灯传教，这样一年一年连续不断地教下去，学生升学后，滚灯队能够继续存在，所以我感到很高兴。如果我教不动了，我儿子也可以去教。这些新的学员，现在他们基本动作也都会做了，其中有两个学生会做"白鹤生蛋"了。有一次，星期五，我正好去开化打门球，我叫我儿子去教他们了。我看，我儿子教起来比我好，有些难的动作，我儿子可以做给他们看看，让学生有点感觉。上个星期我去教了。对学生的教学最好是接牢（连续）不断，这样他们不会忘记，所以我如果不在，我会叫我儿子去教。作为传承人，能够教会别人，心里就高兴。有几次，学生训练时，他们的家长也来看，看了很高兴。有的家长还对他儿子说："加油，把滚灯学好！"

采访者： 除了到临平山上部队、临平一中传教滚灯，你还到其他地方去传教过吗？

汪妙林： 今年五六月份，浙江音乐学院舞蹈班的班主任杨老师要我去讲讲滚灯表演的课，还要我教学生甩滚灯。他们想把传统的滚灯表演的动作融入舞蹈教学中。这些学生是大二了，有舞蹈基本功，做起来身体韧性好，我一讲，他们都能很快理解。我给他们讲了"白鹤生蛋"怎么"生"法，"蜘蛛吐丝"怎么"吐"法，还给他们讲了缠腰和"霸王举鼎""金鸡独立"等动作要领。我教了后，他们领会很快。他们用的是直径 50 厘米的滚灯，经过教学后，就能做起来了。

采访者： 你除了去浙江音乐学院传教滚灯，还去过其他高校吗？

汪妙林： 也是今年，区非遗办唐主任打电话给我，要我去杭州师范大学附属中学（在三墩）传教滚灯，听说是学校想在杭州市学生体育运动会上作滚灯表演。那次，是我儿子开车送我去的，他们学校小滚灯有，大滚灯也有两只。我教了他们缠腰动作，我儿子做了"白鹤生蛋""蜘蛛吐丝"动作。他们有一个班的学生参加演出，我教他们甩小滚灯，我儿子教他们甩大滚灯。

除此之外，想学滚灯的地方还是蛮多的。如浙江农业大学，也是今年，他们想学习甩滚灯，与我联系了，还到我家里来了一下，让我表演了几个滚灯动作，他们拍了照片。还有在下沙的浙江金融职业学院，有一天区文化馆打电话给我，说浙江金融职业学院来人了，想学习余杭滚灯，要我过去。那天我刚好在临平，我就去了文化馆，在文化馆门前广场上碰到学院的一位老师，他要我表演几个滚灯动作。第二天上午，正好是星期天，这位老师带了一个班的学生，男男女女的，来到了我家，要我谈谈余杭滚灯的发展历史，我还给他们表演了几个滚灯动作。我知道他们这天来的，所以我买好了矿泉水，分给他们。后来他们又到莫德兴那里去看滚灯的制作。

这天下午，社区搞垃圾分类宣传活动，我组织了西安社区滚灯队，在这次宣传活动中表演了一下，吸引许多群众参加宣传活动。我们刚表演结束，浙江金融职业学院的学生又来了，来了九个人，来学习甩滚灯。我就在社区小广场上教了他们一下。现在的学生学业很忙，要学习甩滚灯，临时弄几下是学不会的，最好是利用体育课的时间，一个星期有两节课也就够了。学校那边后来没有叫我去，如果叫我去，虽然路远点，但我也会去的。下沙还有浙江理工大学的学生也来我这里学滚灯，他们也是来了一个班，三十多个学生，来了一次。

采访者： 老汪，你这些年前前后后一共教了多少个学员？

汪妙林： 我也没有具体统计过，像浙江金融职业学院、浙江理工大学这种只来过一次的不能算学员，真正我教的是临平一中两批二十个，临平山上雷达部队战士九个，还有就是我们西安社区滚灯队先后两批，十几个人。我们西安滚灯队后来的一批基本都是新手，只有一个老队员，因为他会开车，我们外出表演他可以开车的，而且他也会表演，表演起来也是可以的，他力气蛮大的。

采访者： 老汪，你觉得学滚灯最好是在哪个年龄段？

汪妙林： 学滚灯最好是二十几岁开始学，年轻力壮，表演起来有劲道（力气），可以表演到四十多岁，这样就有二十年的时间。当然你十几岁肯学也是好的，但是他们学校还没有毕业，工作也没有落实，不稳定的。所以还是二十几岁开始学最好。如果年纪大了学，学得苦煞（很辛苦），结果没有几年好甩。俗话说："台上一分钟，台下十年功。"要学会、学好，是要花功夫的呀。

采访者： 你这样花了许多心血传教了这么多的人，目的是让余杭滚灯这个传统艺术传承发展。

汪妙林： 是的呀，我心里也是这样想的呀！我自从被评为余杭滚灯代表性传承人后，特别是被评为国家级代表性传承人后，我就觉得自己更加有责任把余杭滚灯传教给更多的人，让它传承发展下去。

采访者： 2006 年，余杭滚灯被列入第一批国家级非遗名录，你是2009 年被认定为省级代表性传承人的，当时申报的情况你知道吗？

汪妙林： 我知道的。那时，余杭区非遗办陈清和丰国需老师来我家，问了我一些滚灯传承和我参加滚灯表演的情况，就是为我做申报工作的。

采访者： 那你被认定为国家级代表性传承人后，是不是觉得传承滚灯的责任更加重了？

汪妙林： 我评上余杭滚灯国家级代表性传承人后，自己感到身上的担子更加重了，我总想要把滚灯这个非遗项目原汁原味地传承下去。我要多带几个徒弟，多传教一些肯学的人。我要求我们西安滚灯队的队员一定要刻苦练习，把滚灯表演动作都学会，这样才能传承下去。

第四章　周边访谈

一、汪妙林儿子汪永华访谈：他甩起滚灯来呼呼有声的

访谈时间：2019 年 12 月 6 日

访谈地点：杭州市临平区西安社区新苑东区

受访者：汪妙林儿子汪永华

采访者：储敏超

采访者：汪永华，您好！你小时候大概多大看到你父亲出去表演滚灯？你对这个有印象吗？

汪永华：这个印象不深了，但是应该是看到过的，也是很早的时候了，大概是我七八岁吧。但是我真正接触滚灯的话，是十几岁开始接触的。

采访者：小时候看到你父亲表演滚灯，你有怎样的印象？

汪永华：感觉他是很稀奇的人，这么大一个滚灯甩来甩去的，还有那么多人看，感觉很稀奇。

采访者：你知道你的爷爷也是会甩滚灯的吗？

汪永华：我听我父亲说起过，我父亲甩滚灯就是从我爷爷那边继承的。听说我爷爷和小爷爷甩滚灯甩得蛮好的。

采访者：也就是说你爷爷也是会滚灯表演的。你对爷爷这一辈有没有印象？

汪永华：爷爷这一辈印象不多了。

采访者：你小时候是不是看到你父亲平时会在家里练习甩滚灯？

汪永华：看到的，他有空就练习甩滚灯的。我那个时候，大滚灯提也提不动，个子小，没那个劲儿，就只能在边上看。十五六岁、十六七岁的时候，自己有一点个子了嘛，有点劲了，他在甩的时候，我也会拿只滚灯过来甩一甩、弄一弄。

采访者：你父亲练习滚灯的情况，你还有印象吗？你能帮我描述一下，那是什么样一个状况？

汪永华：那个时候，反正好像这么大一个滚灯舞来舞去，蛮有劲的。我到了十五六岁之后，他也跟我朦朦胧胧地讲了些甩滚灯要领，比如说滚灯有的时候练起来，有一部分要借劲的。不是说你使蛮力就行，有的时候也要用巧劲的，就是说不光是用蛮力的。

采访者：你开始跟你父亲学习甩滚灯大概是什么时候？

汪永华：我正式开始学的话，差不多是十六七岁。

采访者：你开始学滚灯，是父亲让你学的，还是你自己想学？

汪永华：父亲有这个意思，我自己也带一点兴趣。因为小的时候看到父亲他甩滚灯，有那么多人看，场面很热闹，感觉很稀奇了，所以自己也对甩滚灯有了一些兴趣。后来父亲看到我对甩滚灯有兴趣，接着他就教我了，我就这样开始练习了。

采访者：你父亲当时有没有跟你说，要你跟他学习甩滚灯？

汪永华：他也不是说你一定要给我学什么的，这主要还是我自己带着一部分兴趣的，自己就这样学起来的。比如说有的动作什么的，就自己慢慢地学起来了。

采访者：你父亲是从哪个动作开始教你的，还有印象吗？

汪永华：从最基础的动作开始教，比如缠腰动作。最起先，要我把滚灯举举、顶顶，然后教我怎样让滚灯在腰间缠来缠去。后来，他就说要我甩甩看，有没有这个力气，慢慢地就习惯了。

我就这样开始学甩滚灯了，到现在的话，已经基本都会了。反正我们在这里，甩滚灯也不是专职的，主要是兴趣爱好。

采访者：你从开始跟你父亲学习滚灯，到现在也有较长的时间了吧？

汪永华：这个时间有点长了。我学的话就是十六七岁开始接触，到现在我已经四十多岁了，对滚灯也有一定感情了。尽管自己比较忙，但是有空我还是会甩甩滚灯。

采访者：你父亲出去参加活动时，有带你出去吗？

汪永华：一开始的话，他也没带我出去的。他外面出去表演回来之后，或者是他平常练的时候，我就跟他这样练练弄弄。早些年，国家好像也没现在这么重视文化遗产保护，所以他也很少出去参加活动。后来重视了，特别是非遗这方面，展示比赛的活动也多了，他出去的机会也多了，有几次也带我一起出去参加。

采访者：你还记得自己第一次出去展示比赛在什么地方吗？

汪永华：第一次出去参加展示比赛，应该是在老余杭，好像是我们区里面一年一次的非遗保护月活动。那年，我们街道也举办了元帅庙会，不确定是老余杭那边的活动还是元帅庙会早一点。我们是先参加元帅庙会表演，再去老余杭那边表演的？究竟哪个早，我记不起来了。

采访者：我记得的话，应该老余杭的活动还要早一点，元帅庙会好像差不多在 2008 年、2009 年的时候举办。

汪永华：是的，元帅庙会我们是沿路走过来，到每一个点表演一下滚灯，绕着几个村走一圈的。庙会出去巡游，一路过去大概有个十多公里，反正我们走下来的话，要到下午两三点钟才走得完。

采访者：当初你出去演出的时候，父亲有没有什么交代？你第一次演出他肯定会跟你讲些什么吧？

汪永华：交代倒也没什么交代，就是对我说："你平常练习的姿势要拿出来，也不用紧张的。"就这样。他说："就像家里练的那样，放松一点。"就这样说。

采访者：你父亲教你的时候，是非常严格地教你，还是你自己空余时间练练那样的？

在元帅庙会上表演滚灯

汪永华： 他教的时候，他说动作一定要练得标准一点的。但是说严格也不是特别严格，就是说抽空练一下，就这样。

采访者： 说起滚灯表演，你现在也是一个滚灯表演的成员，从你现在的角度去看你父亲以前表演滚灯，你觉得他哪几个动作最精彩？他的表演风格又是怎样的？

汪永华： 如果说比较精彩的动作就是"蜘蛛吐丝"，就是用牙齿咬着甩滚灯的，他做这个动作比较出彩一点，难度也比较大。还有就是，他那时候能够站在板凳上甩滚灯。站在板凳上甩，也比较出彩，不像现在在平地上表演，那个时候是人站在一条板凳上甩起来，这个不容易的。

采访者： 你父亲最擅长的"蜘蛛吐丝"，是他的绝活？

汪永华： 他原来就是"蜘蛛吐丝"做得好，还有"白鹤生蛋"，就是从滚灯上跨过去之后，然后往身后一躬，再往前，滚灯甩过头顶之后，再往前举起这个球。

采访者： 他这两个动作做得最精彩？

汪永华： 对。感觉那个时候他能做这两个动作，蛮稀奇的。

采访者： 当时你父亲他们出去表演的时候，有几个人？

汪永华： 那个时候，我们这里会甩滚灯的人还不多的，我记忆里的话，有三四个能够甩滚灯的，也就是甩三四个动作。因为那个时候，他们好像都是分解的动作，不像我们现在，有几个队员的话就有组合动作，他们都是分解动作的，挑难的几个做一下什么的。因为那个时候他们主要是在元帅庙会上沿路表演滚灯，不是说在一个台上表演，没有指定的一个地点。庙会巡游，他们是流动性地表演，所以不可能做很多的动作。

采访者： 那么除了参加元帅庙会，他们还会去哪些地方表演？

汪永华： 比如说我们余杭区有什么大型文化活动，一旦有文化活动的，临平人民广场或人比较多的地方，他们会去表演滚灯。还有人们平常休闲的场所，比如公园，他们也会去表演一下。

汪永华（中）在社区开展滚灯传承教学工作

采访者：你父亲表演滚灯的影像资料有没有留下来？

汪永华：他表演的资料，因为过去那个时候记录得少，可能不多，只有一部分。

采访者：这个工作，你到时候帮我们一下，你父亲那些老照片，你帮他收集一下，这是很宝贵的。

汪永华：活动的照片的话，我们家里有一些，可能不全，不知道区非遗办有没有保存。

采访者：区里面有一点，最好你能把这些资料集中起来，好好保存。

汪永华：因为那个时候条件不像现在，有个照相机什么的，那个时候条件差，照相机什么的还少，手机还没普及，所以资料比较少。

采访者：那时候你父亲教你学滚灯，他是用一种什么样的方式来教你的？他演一遍，你学一遍，还是怎么样教的？

汪永华：他主要是指点指点。比如说我在甩滚灯的时候，动作有什么缺陷，这个动作应该怎么做，应该怎么样去甩，他在边上指点一下。

采访者： 他教你时态度很凶的吗？

汪永华： 还好，也不是说特别凶巴巴的那种。

采访者： 我听汪老师说，你们家里除了你会甩滚灯，还有你姐姐也会甩滚灯，是吗？

汪永华： 我有一个姐姐和一个大哥，我姐姐她也喜欢甩滚灯，也能甩一些基本动作。我大哥滚灯接触得少。

采访者： 那你们的下一代中有人会甩滚灯吗？

汪永华： 下一代嘛，我一个儿子也会甩滚灯，现在他能甩几下，但还是一些简单的动作。因为他现在读书学习的任务也比较重，玩滚灯的时间也少。

采访者： 等于是你们家祖孙三代都会甩滚灯。

汪永华： 是这样的。除了我父亲，我和我姐姐、大哥能甩几下，我儿子也甩几个基本动作。

采访者： 你作为汪老师的儿子，也是他的一个学生，请你简单评价一下，你父亲滚灯表演水平怎么样？

汪妙林（前）和儿子（中）、孙子一家三代传承滚灯（南苑街道文体服务中心提供）

汪永华：他的水平怎么说呢？因为我也没接触过其他人，好像也没得比较，总的感觉他好像甩起来，很受下面观众欢迎的，感觉还可以。

采访者：你从比较专业的角度，比如说你父亲甩滚灯的力度，包括美观度和阳刚之气等，可以从这个角度去说。

汪永华：从这个角度说的话，我爸爸甩滚灯的力度应该是可以的，蛮有阳刚气的。因为我爸爸的身体比较好，身板还可以的，力气也大。他年轻时候力气很大的，滚灯甩起来有一股风的，带着风声，呼呼叫。

采访者：他有没有跟你讲，学滚灯表演一定要有什么要求，有什么技巧、诀窍，包括经验这些？

汪永华：他是讲过的，他就是说："你平常练，要练得扎实，上台了以后就要认真，因为你下面练得再好，你如果上台一出差错，你就什么都没有。"他就是说："你下面练得刻苦扎实一点，上台了就自己心里稳当一点。但是上台的表演一定要认真，不管你做简单的动作也好，难的动作也好，简单的你也不能放松。"

他对滚灯的传承方面也讲过，他的意思就是说，叫我有空的时候教我儿子多练练弄弄，让我儿子有点积极性。这个我想他现在学习任务有点重嘛，我就是只能抽空给我儿子教一教、练一练。

采访者：他是希望到你这辈，再到你儿子这一辈，能把滚灯传下去。

汪永华：是的。他的意思就是说，最好是能传下去，手把手地教下去。他教我，我教儿子，我儿子教我儿子的下一代，对不对？这个滚灯是老底子的东西，能不丢肯定不丢的，肯定要把它传承下去。

采访者：我们余杭滚灯表演对音乐有没有什么特殊的要求？因为我现在看到舞台上都是有现代的音乐伴奏。

汪永华：音乐嘛，现在他们有一部分是放音乐的，但是我们传统滚灯表演的话，一般是打鼓的，打鼓比较能渲染气氛。

采访者：你们过去表演滚灯就是用鼓伴奏，是牛皮鼓吗？有多大?

汪永华: 这鼓有大有小的, 一般我们用的鼓, 直径是六七十厘米的。

乐队的话, 因为我们现在不是专职的, 所以说我们没有专门的乐队, 是自己的队员里面找两个人打锣鼓, 也没有专门训练。有的时候出去表演, 就自己随便找点节奏, 敲一下, 弄一下。

采访者: 现在文化馆滚灯队表演的时候是用音乐伴奏的。

汪永华: 那是文化馆艺术团, 性质不一样, 他们是在舞台上表演滚灯, 属于艺术表演, 所以要配一些音乐。而我们传统甩滚灯是比较粗犷的那一种, 用大滚灯的、传统的、比较粗犷的（表演）。我们是属于民间传下来的, 原汁原味一点, 跟舞台表演不一样, 他们配音乐, 我们用大鼓大锣。

采访者: 打鼓伴奏的一般有几个人?

汪永华: 三五个人应该有, 一个人打鼓, 两个人抬鼓, 还有一个敲敲锣, 是这样的。

采访者: 请你再给我们讲讲你父亲平时生活是怎么样的。

汪永华: 他平时生活, 不会为了点小事就跟人家斤斤计较的。他待人蛮客气的, 平时也不会跟别人斗气, 他的性格倒是蛮好的。

采访者: 你觉得学滚灯在身体素质上有什么要求?

汪永华: 甩滚灯, 身体素质肯定要好, 不能弱不禁风, 肯定是劲要有一点的。但是你有的时候也是要用巧力的, 不过打底的那点力气肯定要的, 身板肯定要好。你要是身体素质不行的话, 有的时候撑不下去的, 毕竟它是直径 1.2 米的滚灯, 对不对? 你要把这么大的滚灯甩起来, 舞动起来, 有的时候将它定在那里。就是说要有一定的力气, 要有一定的身体条件, 身板要硬。

采访者: 这里原来有红心灯与黑心灯的说法, 你对这个了解多少?

汪永华: 我听我父亲说过, 我们这里滚灯一开始是有文武之分的。黑心灯是武灯, 还有红心灯, 应该是文灯, 有文武灯之分。听说原来黑心灯是比分量的，谁甩得动就多加分量，而且还有把滚灯抢走的。

采访者：你跟你父亲学习滚灯过程中，有没有遇到困难？比如说哪个动作做不出来。

汪永华：这一开始学的时候肯定有的。比如说学习"白鹤生蛋"，一开始的时候往滚灯上跨，就是跨不过去。如果直接跨过去了，后面的连续动作就做不来了。第二个，如果你没跨过去，滚灯就要跑掉了，滚灯要带着人转动，那人就会摔跤了。就是说，你上手使力了之后，要用恰当的力气，手支撑在球上指定的位置，再下来，然后才能把后面的动作也连上，你过了不行，不到位也不行。

采访者：你在学习甩滚灯过程中有没有受过伤？

汪永华：有过的。我刚才说的"白鹤生蛋"，人跳起来，手没有按好，人就会跟着球转，一下子人就扑下去了，头先着地，鼻梁上擦破皮了。小伤是肯定有的，时常有的。滚灯不是竹片做的吗？竹片有的时候会割到手的，这也有的。所以，我们有时练的时候戴一副手套，保护手。但是我们上舞台表演的时候，就不能戴手套了。因为手套万一夹在竹片与竹片的夹缝里的话，那就会出事情了，表演不下去了。

采访者：你作为国家级非遗传承人的儿子，也多年从事滚灯表演，你觉得我们余杭滚灯要生存要发展，目前还有哪些困难？

汪永华：困难嘛，就是说你现在要组建一支队伍很难。像你们这次来拍摄一样的，你们定下来，今天要来拍摄的，但是滚灯队的人不一定能凑齐，因为他们不是这个人有工作走不开，就是那个人有工作走不开，人手有的时候不齐，这是一个困难。第二个就是说，现在我心里是这样认为的，传承是要传承下去的，但是我们滚灯队这么多人，有些队员他心里不是这么想的，就是说有的人无非是随便玩玩的，责任感不一样的。

采访者：余杭滚灯生存发展的困难，刚才你讲了两点，再讲讲另外还有什么？

汪永华：还有一个是经济上的问题，经费不足也影响到滚灯传承的积极性了。因为滚灯队的人，都要正常上班工作的，如果出去表演或者训练，就要向单位请假，一是要看单位领导脸色，第二个是少一天的工资，肯定要扣工资，但这边（参加滚灯表演训练）又没有什么收入。如果这里你有一定的补助给他们，他们就会更愿意来参加了。如果有经费，就给他们练习的人发补贴，这样可以把他们的积极性提起来。

另外一方面是目前想学习滚灯的人不是那么多，现在一些年轻人对滚灯兴趣不大的。像我的话，练习滚灯是因为我对滚灯有点兴趣的。自己带点兴趣的，跟不带兴趣的是不一样的，自觉性不一样的，积极性也不一样的。

采访者：你是说现在真正想学习滚灯的人不多，是吗？

汪永华：现在学习滚灯的话，平常练练的，当作锻炼身体的人倒还是蛮多的。像我姐的话，她平时也能甩几下，因为滚灯甩起来的话，也是全身运动，腰、腿、手都能运动到的。现在我们出去表演，边上观众要来试一试、练练基础动作的人蛮多的，我老爸有的时候也教他们，其中有好多女的，而且也能甩几下基本动作。

采访者：对于滚灯，你学了这么久，也参加了这么多表演，你觉得我们余杭滚灯表演也好，或者是编排方面，还有音乐方面，最难的是哪里？

汪永华：如果讲到滚灯表演的话，因为不是个人单独表演，是集体表演，那主要是要讲究个整齐度。比如说队员有五六个上台的话，表演动作要整齐，这样就好看。第二个就是说，因为每个人的手法不一样，有的人甩得高，有的人甩得没有那么高，应该说甩得高好看一点，甩得高会有一种气势。再一个是表情方面，尽管你甩得很用力，但要给人一种轻松的感觉。所以说，集体表演的话，最主要还是一个整齐度方面。个人甩得再好，你上台了，集体表演没有整齐度，那也不好看了。

采访者：五六个人集体表演滚灯，动作整齐一点是很要紧的。

汪永华：对的，就动作要练得滚瓜烂熟，然后你还得配合别人。不能说光是一个人甩起来就行了，你要看到整个队伍的进度。

采访者：那么你们平时有没有定期的排练？还是只是每个人单个

在自己家里练？

汪永华：我们一般是有定期训练的，比如说一个礼拜集中训练两到三次。白天没空的话，一般是吃好晚饭在一起练习。如果说一个礼拜三次的话，是（礼拜）一、三、五，或者是（礼拜）二、四、六。这样我们滚灯队的队员集合一下，在一块练个两个小时左右。

采访者：我们余杭滚灯表演中，哪几个动作是比较难的？有哪些技巧？请你说说。

汪永华：好的，我举两三个例子。滚灯表演二十七个动作中，其中有几个动作是有难点和重点的，你只要自己知道这个难点和重点，抓牢了这个难点，你就能攻克这个难点，就能做起来了。就像"蜘蛛吐丝"这个动作，牙齿一定要咬紧，不能松动，一松动，力量就全部在牙齿。还有转滚灯，起步转的时候，你一定得有方向的，滚灯必须逆时针转，要是顺时针转，这个滚灯就直接掉下去了。逆时针转，转完之后，牙齿咬紧，然后人跟着转，那才能转起来。牙齿一定要咬紧，因为我们原来训练中已经出过问题了，有的学员他没咬紧，然后牙齿松掉了。做这个动作时，牙齿一定要咬紧，因为这个滚灯有分量在那里的。而且还要让滚灯转起来，分量就更加重了，对不对？

"白鹤生蛋"我刚才也讲到了，你手在滚灯上一按之后，跨过去的时候，这个力一定要控制好，过了也不行，不到位也不行。你就是在滚灯上这个点下去之后，才能和后面的动作连续起来。"白鹤生蛋"的话，有的时候你跳得不到位，这个滚灯一转，你就跟着滚灯扑下去了，很容易受伤的，如果下面是硬块地的话，像手腕、脸部、鼻子、嘴唇、额头这种地方，很容易受伤的。

采访者：当初你学这两个动作的时候有吃过这个亏吗？

汪永华：吃过这个亏的。你吃过亏了就知道了，这个力一定要用得到位。我们现在教学员的时候就再三讲明的，每一个动作的要点、重点一定要抓牢，因为带有一部分危险性。

采访者：你十六岁开始学滚灯，那个时候你是上中学？

汪永华：那个时候，是上初中。我上初中是住校的，礼拜六、礼拜天回家嘛，我会甩一甩滚灯，心里有兴趣嘛。

采访者：那个时候，你父亲他教你吗？

汪永华：那个时候，我父亲他力气也大，甩起滚灯来呼呼有声的，有风声的。我看着他甩滚灯，也在边上自己练习，有时他会给我指点一下的。

采访者：你刚才说到现在有这么多人从锻炼身体的角度在学舞滚灯，这样也推动了滚灯的群众性发展。

汪永华：是的，现在的人对身体素质是很重视的。滚灯能强健身体，所以在社区里就有许多人，包括男男女女、老老少少的，都在甩甩滚灯。他们要要弄弄，还蛮开心的。我们出去表演滚灯的时候，也会有人叫我们教他们点基本动作。有一次，有一个村民特意拿了个滚灯回去，每天早晨起来就拿这个滚灯去甩甩弄弄，作为一种锻炼身体的方式。因为甩滚灯是全身运动，手臂、腰部都能锻炼到的，所以如果想办法让甩滚灯慢慢地成为一种大家喜欢的运动，能够锻炼身体，这样滚灯就会传承下去了。

采访者：你说的这个方向挺好的，这个思路可以，就把滚灯当成一种锻炼身体的方式。

汪永华：对的。

采访者：如果这样的话，你在滚灯动作上面可以做点创新。

汪永华：对，就是说要能适应普通人群，让他们能弄得来、耍得来的。这样，能锻炼身体，又传承了滚灯，是不是？刚才我说的那个人，就是我的堂舅，他那天特意借了一个滚灯，他说每天早晨起来就要甩甩弄弄。

采访者：现在来讲，你们一般平时表演的话，是户外比较多，还是舞台上多？

汪永华：应该在户外比较多，一般的小舞台也不能表演的，因为滚灯表演需要比较大的场地。滚灯前后左右地甩起来的话，队员单个地上舞台表演也不好看，肯定是五六个队员、六七个队员一块上去表演才好看。六七个滚灯上去的话，舞台小就没有办法施展开来，所以我们滚灯表演一般户外比较多一点。

采访者：刚才我也问你，团队表演要注意协调性。那么，团队表演这个节目的编排，都是你们自己排的，还是请人排的？

汪永华：编排嘛，有的时候我们自己做。比如说空下来的时候，想办法把几个分解动作串联起来，组成一个组合动作，按照前后顺序编排，中间稍微弄一点小动作串联一下，就组成一个组合动作了。

采访者：请你说得具体一点，比如说你们要出去参加表演，你打算做哪些动作，怎么串联？

汪永华：这次出去参加表演的话，我们想做这些动作：一个是"金球缠身"，一个是"鲤鱼卷草"，还有一个是"白鹤生蛋"，再有一个是"蜘蛛吐丝"，把这几个动作串联起来。还有最后一个结束的动作"霸王举鼎"，就是三个滚灯拼在一起，上面叠一个滚灯，总共四个滚灯垒在一起。然后我站上去之后，就是在上面甩滚灯，甩完之后就这么一举，就是结束了。加上最后一个造型，就把这几个动作串联起来了。

采访者：你们有没有想过，多搞几个最后的造型组合？你不可能每一次去演出都是一样的。

汪永华：这个想法我们是有的，但是就得慢慢摸索，一下子急也急不来的，因为毕竟是传统的大滚灯，组合的动作比较难做一点。

采访者：对，有的时候也要各方面的能力支撑一下的。

汪永华：是的。就是说平常队员之间，能力还是有差别的，想做集体动作的话，需要相互配合的。比较熟练了，肯定转起来动作比较快的；如果是不熟练的话，肯定速度要慢，这样就不整齐了。但是这个时候，会做的人要去配合不太会做的人，要迎合他们的速度去做。

采访者：你爸爸除了甩滚灯，他平时还有什么爱好？

汪永华：他爱好还蛮多的。早几年他喜欢打台球，蛮喜欢的。现在年纪大了，就喜欢打门球。他参加社区里面组织的门球队的，他基本每天早上去打的。他们这个门球队打门球打得很好的，老是拿奖的嘛。但是如果碰到要出去表演甩滚灯，他就把打门球回绝掉了。

采访者：你儿子练习滚灯时，你父亲有没有教他？

汪永华：他也教的。我儿子也喜欢滚灯，我儿子礼拜六、礼拜天回来，有的时候在家里空地上甩甩滚灯，我父亲会教他的。有的时候我父亲还对我儿子说："你不要老是待在楼上，下来甩一甩滚灯。"他会这样叫的。我儿子，这样一叫他，就下来跟他爷爷一起甩滚灯。

采访者：你们参加元帅庙会表演，要准备一些什么东西？

汪永华：也不用准备，就是早晨出去的时候，把表演的道具拉过去，就是把滚灯拉过去。像我们的道具比较笨重一点，带起来不方便。如果有自己的着装的话，准备一下。

采访者：你印象中，你父亲那时候出去表演，他们的服装是怎么样的？

汪永华：原来的时候服装没什么要求的，就平常穿的那种衣服，没有比赛服的。现在好像有专门的服装了。

采访者：你希望余杭滚灯发展成什么样子？

汪永华：我肯定希望能传承下去了，一代比一代更出彩一点，一代比一代有更多的创新。你不能老停留在那几个动作，这也不行的，最好是不断创新。

采访者：你是希望让更多老百姓喜欢滚灯。

汪永华：对，慢慢地让更多的人喜欢滚灯。让舞滚灯成为一种健身运动，普及起来，最好是能成为一种全民运动。因为舞滚灯毕竟能够运动全身的，整个身体都在锻炼，不像有的运动是局部的运动。

采访者：你现在在做什么工作？

汪永华：我之前是自由职业，就是说做小生意。前几年去搞养殖，去年刚刚回来嘛，我那边养殖也不干了，就结束了。刚刚回到家。

采访者：等于说甩滚灯是你的业余爱好。

汪永华：是的，业余的一种爱好。

采访者：那要坚持下去，把西安滚灯队办得更好。

汪永华：我自己会坚持下去的，让爸爸传给我的这份宝贵遗产在我手中传下去。但是要办好一个滚灯队，中间肯定有很多问题的，关键是要能生存下去。有的时候，比如说你要发展队员什么的，如果没一点经济基础的话，就很难调动他们的积极性了。至少要让他们能够把一个家撑起来。比如说你要到哪里出去表演，你肯定要叫辆车，把滚灯用车子拉出去，这就需要经费。比如去参加元帅庙会，你不可能就徒手拿过去的，滚灯肯定是要用车子运过去的，反正中间有很多费用的。现在就是经费上比较困难一点。

采访者：现在各级人民政府更加重视非物质文化遗产保护，我想对滚灯保护的力度一定会加大，包括经费投入也会更多，西安滚灯队肯定会越来越好。

汪永华：是的，所以我们还是有信心的，把有八百多年历史的翁梅滚灯传承好，发展好。

采访者：谢谢你百忙中接受我们的访谈！

汪永华：不客气，应该的！

二、汪妙林弟子高敏明访谈：汪老师甩滚灯展示了力与美

访谈时间：2019 年 12 月 2 日
访谈地点：杭州市临平区西安社区
受访者：汪妙林的弟子高敏明
采访者：肖荣华

采访者：高老师你好！你第一次见到汪妙林老师是什么时候？请你谈谈当时的情形。

高敏明：我第一次正式见他，是 2012 年，他已经是余杭滚灯国家级代表性传承人。2012 年，我被调到南苑街道西安社区工作，因为当时我分管文体工作，所以我是以这个身份来正式见他的。

采访者：那个时候你还没有正式拜他为师？

高敏明：当时还没有。

采访者：你第一次见到汪老师，他给你的印象是怎么样的？

高敏明：我第一次见汪老师，感觉他人比较随和，为人比较和气、

比较亲切。虽然他年事已高，但我还是能从他身上看出来他很有气质，比较人高马大。

采访者：你为什么要学滚灯？什么时候拜汪老师为师的？

高敏明：正式拜汪老师为师是 2013 年。因为我从 2012 年来到西安社区，接触这块工作之后，对于余杭滚灯文化逐步有了深入的了解，慢慢地，我自己也对滚灯文化比较感兴趣了。当时工作对接上，跟汪老师对接还比较融洽，我也有这个想法，想跟汪老师学习甩滚灯，然后就正式拜汪老师为师了。

采访者：在这之前，你了不了解余杭滚灯？

高敏明：在这之前，说实话，真不是很了解。2012 年来到西安社区工作之后，这里滚灯很活跃，我也做了些调查，对滚灯有了一个比较系统性的了解。

采访者：你到西安社区之前，没看到过滚灯表演？

高敏明：之前没看到过西安这里的滚灯。在 2008 年的时候，北京奥运会开幕式上面，我看到过有这么个球状的东西，但是真的不知道它是余杭滚灯。后来知道，原来这个国家级非物质文化遗产余杭滚灯的代表性传承人就在我们这里。

采访者：2008 年那个时候，你在从事什么工作？

高敏明：2008 年那时候，我刚刚从部队退伍回来。退伍回来之后，开始我在区政府里面工作，那年看到北京奥运会开幕仪式前有这么一个球状的东西表演，说是余杭滚灯，但我还不清楚，不了解。后来到西安社区工作，我才知道汪妙林还住在我们这里。

采访者：你为什么要拜我们汪老师为师呢？

高敏明：可能就是我对这滚灯了解之后，一个是对滚灯比较爱好，第二个我对文化艺术，特别是民间的文化艺术，比较感兴趣。那么还有滚灯文化所传达的一种精神，我是比较认可的。翁梅是余杭滚灯的一个起源地，我了解到这情况之后，对当地的滚灯的历史发展也有了了解。当时这里靠钱塘江边，那时沿海地区海盗比较猖獗，这里的老百姓就用滚灯作为一种武器对抗海盗。因此，滚灯也是传递了一种正面积极向上的精神，我被滚灯深深吸引了，有一种很想学习舞滚灯的冲动。

采访者：就是说在余杭滚灯这项活动上，假如我们把它人格化的话，在它身上会体现出怎么样的一种精神？

高敏明：滚灯体现了一种正气、一种积极向上的精神。

采访者：你拜完师之后，汪老师给你讲了什么？他教你做了吗？

高敏明：一般我们在学习滚灯技艺的时候，他都会采用手把手的方式，亲自来教我们。比方说拿滚灯的姿势，怎么样做一些动作和具体要领。

采访者：你还记得他教你的第一个动作吗？

高敏明：第一个动作就是我们滚灯表演的基本性动作"金球缠身"。就是滚灯在身前身后旋转，他们行话叫"盘（缠）腰"。他教我这个手是怎么去拿捏滚灯。我对于这个动作，有一个比较形象的比喻，滚灯是个圆球嘛，好比是一个地球，绕着太阳，一个是公转，一个是自转。他说，拿到这个球之后，让我们不是就简单地绕，滚灯还要自转，还要在自己腰前腰后绕，那么我这个手拿捏滚灯的方式，就很有讲究了。

采访者：当时觉得甩滚灯这个东西学习起来难不难？

高敏明：拿到滚灯，感受到这个重量之后，感觉有点难度。但是汪老师亲身传授之后，我掌握了一定的技巧，觉得还是能展开的。

采访者：比如说你刚才讲的缠腰动作，首先滚灯要自转，然后再公转，这个动作的技巧，汪老师怎么跟你讲的？

高敏明：汪老师特别讲到手拿滚灯的位置。因为我们滚灯在缠腰的时候专门有拿捏的位置，特别是两个手拿捏的位置，绝对不能搞混。这个球（滚灯）手拿了之后，转到后面交接的时候，右手先拿，到左手去交接时候，这两个手始终是在同一个位置，不得有调换。就等于说右手拿右手的位置，左手拿左手的位置，始终不能换。这就是这个动作的要领和技巧。

采访者：当时他给你教了几个滚灯表演动作？

高敏明：我们队员和弟子学的时候，他就是先要我们把这个"盘腰"的基本动作熟练。汪老师看我们第一个基本动作的熟练程度，以及能不能领悟到他讲的要领，如果你能领悟到了，他会慢慢教你下一个动作。

采访者："盘腰"这个基本动作你大概学了多久？

高敏明：我还是上手比较快的，练习了一两天，基本上能达到他的要求了。

采访者：主要是你掌握了这个动作的基本要领？

高敏明：对，因为这个动作，一个是力度，一个是速度。特别是把滚灯拎起来之后，不能在整个人的下半身这样地绕，一定要在上半身，在腰部位置，要有这个高度要求，这样才好看。还有就是手势的要求，滚灯在身体前后旋转时，手的位置一定要抓好。

采访者：汪老师他总共教了你几个动作？

高敏明：基本上滚灯表演的二十七个动作我们都练过，但是说实话，我身高不高，有些动作还是不一定能驾驭得了。滚灯表演对人的身高、力量还是有一定要求的。

采访者：现在九套二十七个动作，你都能表演？

高敏明：我对这些动作能理解，但是不能全部实打实地掌握，这个还是有点难度，特别是几个难度较高的动作。

采访者：你跟汪老师和其他滚灯队员一起学了多久，然后开始正式上场表演？

高敏明：差不多有大半年的时间。但是上场表演，说实话也只是作为一个配角，主角我还担任不了。因为一些动作确实还是有相当的难度，我还没完全掌握。

采访者：你有没有上过场表演滚灯？

高敏明：上场表演过的。

采访者：在哪些地方表演？

高敏明：一般的表演，我们肯定是参加全区性的一些民间艺术的表演，或者我们当地这个元帅庙会，还有一些我们共建单位的文化交流活动。

采访者：那么你第一次上去表演的时候，汪老师有没有在场？

高敏明：在场的。只要他有空，没事情，他都会在台下关注着我们。然后每次表演完之后，也会和我们就表演的情况进行一些互动交流。

采访者：你第一次表演下来之后，他就跟你讲一些需要改进的地方？

高敏明：对，因为第一次上场毕竟还是比较怯场，有些动作可能做得并不到位，特别跟那些老队员比，还是有一定的差距。下来之后，汪老师跟我讲："你平时训练还是比较可以的，但是你上场之后有点胆小；你一定要建立自己的信心，按照平时训练的一些动作，在上场表演时把它完成掉。"

采访者：每次上场之前，汪老师有没有给你讲过，比如说要注意哪些问题、哪些事项，专门跟你嘱咐过？

高敏明：有的。他对我们讲得最多的，就是上场表演一定要拿出我们的阳刚之气。因为我们余杭滚灯，一直流传下来，从发源到现在，就是比较阳刚、正气的。他特别给我们讲到这一点，要我们展示一种武艺的精神。他说，滚灯是武术的"武"，不是舞蹈的"舞"，跟舞蹈完全不是同一个意思。也就是说，一定要有力量，有阳刚气，要体现力与美。

平时训练的时候，他也一直跟我们讲，我们传统的滚灯，跟现在一些小滚灯其实完全不是一个意思。虽然说目前有创新、有发展，小滚灯可能对于演出的效果有点作用，但是汪老师始终坚持说，我们一定要以大滚灯为主，不能以小滚灯为主。小滚灯只是一个辅助，大滚灯所展现的就是阳刚之气，有许多滚灯动作是有传统武术内涵的。

采访者：那么你所领悟到的，在滚灯表演过程中，通过哪些方面来体现余杭滚灯的这种阳刚之美和力量之美？

高敏明：我感觉到，在我们候场以及上场表演一些动作的时候，要体现出我们的精气神来，要昂首挺胸，眼睛往前看，身姿一定要非常地有力。在表演一些动作上，一定要做到位，要有刚硬的样子，不能很柔。

采访者：咱们不是还有女子的滚灯表演队伍吗？那么你觉得男子是体现一种阳刚之美，那么女子滚灯的话，又是体现怎么样一种状态？

高敏明：女子滚灯体现的是一种柔美，它是跟一些现代舞蹈结合。反正不管怎么说，可能前两天你们采访汪老师的时候应该也聊过了，汪老师其实对于一些小滚灯的舞蹈是不认可的。在他的心里，我们余杭滚灯，一定要以大滚灯来出场。因为我们平时演出，最低要求是直径1.2米的滚灯。这些小滚灯，虽然说有些舞台效果比较不错，但是对整体的余杭滚灯内涵来说，已经是相左了。

女子小滚灯，只能作为一种欣赏活动。说到这一点，我们余杭滚灯的发展，可能困难和问题就在这个方面。平时我们使用大滚灯这些道具，携带就不方便。有的时候我们可能五六个人出去表演，这些滚灯就需要一辆大货车来装。但小滚灯可以随身拿。那么这就带来一个经费问题，这是滚灯发展中的一个瓶颈问题。

采访者：那么在训练的时候，汪老师怎么来要求你们把阳刚之气和力量练出来？

高敏明：平时我们训练的时候，他对我们的站姿有相当要求，一定要站如松，像松树一样挺，动作一定要有力，不得太柔，一定要到位。特别像我们最基本的动作"金球缠身"，滚灯的高度一定要达到。别看就这么一个简单的动作，它需要相当的力气去支撑这个动作。

采访者：汪老师的滚灯表演，你觉得最大的特点是什么？

高敏明：最大特点就是不同于一些舞台的表演，他所展示的不是舞台效果的那种柔美。他所展现的是一种力与美，就是一种阳刚之气。

采访者：你在他身上学到了什么？

高敏明：我在汪老师身上，学到的就是不惧困难的精神。面对可能存在的挑战和坎坷困难，我们要勇于面对，勇于挑战。

采访者： 请你给我们讲讲，你在跟汪老师学滚灯的过程当中，印象最深刻的具体事例。

高敏明： 有这样几件事印象比较深。比方说我们一次为了出去表演，要进行训练准备。我们一些队员，有些动作缺乏连贯性，比较生硬。有的队员就提出："我们是不是可以改成些简单的动作，或者是稍微柔和的一些动作？"我们对动作作些改动的时候，汪老师有时候也会认可，但他不同意改动得过于柔。比方说"蜘蛛吐丝"，或者"白鹤生蛋"，动作不能太柔，他的意见是一定要坚持比较刚硬的动作，要干净利索地完成，不能拖泥带水。这一块他要求特别苛刻。

还有，他始终灌输给我们：甩滚灯不是表演舞蹈，应该把它想成是一种武术的技巧。所以特别像我们一些演出，比如我们今年区组织的滚灯大赛，我们为我们的表演想了一个题目（名称），叫"武韵滚灯"，武就是武术的武。

采访者： 但是滚灯在艺术分类当中，它是属于民间舞蹈，还是属于什么？

高敏明： 应该是属于民间艺术这类。民间艺术，有些带一定的技巧性的，不能把它当作一种舞蹈。它与舞蹈还是有一些根本区别的，它是具有一定的技巧性的。

余杭市滚灯大赛

采访者：你觉得汪老师在对余杭滚灯的传承保护这一方面，他做了哪些工作？

高敏明：汪老师在对整个余杭滚灯文化的保护传承方面，我觉得最重要的就是传承传播。特别是去年以来，他给附近的一些院校，比方说中国美术学院、浙江音乐学院，包括附近的临平一中，进行义务上门传承、传播、指导。

现在一些学校对滚灯文化比较重视，专门开设了滚灯的拓展课，组织学生学习甩滚灯。那么我们汪老师就是义务地为学生上课传授，

汪妙林与临平第一中学学生滚灯队队员合影

汪妙林指导部队战士练习滚灯

每周一堂课。汪老师会对学生讲一些滚灯的发展由来和滚灯的精神，让他们理解滚灯文化里面的精髓，然后再手把手地教一些滚灯的基本动作，给他们示范一下。

他除了去学校传授滚灯，还在社区传授滚灯，他还到我们当地临平山上的驻军部队里面去教甩滚灯。我有时候跟他一起去临平山上的部队，教战士甩滚灯。因为汪老师普通话不是太好，那我就帮他翻译一下，有时也指导指导这些学滚灯的战士。

采访者： 汪老师是通过这种方式，到学校、到部队、到社区进行传教，你觉得这对于传承和弘扬我们余杭滚灯起到了什么样的作用？

高敏明： 起到一个传播、传承的积极作用。余杭滚灯被列入国家级非物质文化遗产代表性项目名录后，汪老师作为国家级非物质文化遗产余杭滚灯代表性传承人，他觉得自己有义务去更好地传承它、发扬它、发展它。

采访者： 从你的接触来看，生活中的汪老师是怎样的一个人？

高敏明： 从我的接触了解来看，生活当中，他人比较随和、和气。平时我们训练之余，也经常坐下来，和他一起聊聊天，拉拉家常，他是比较随和的。他平时也比较喜欢出去游玩，或者会跟一些老朋友在一起喝茶。兴致高的时候，会约三两个朋友一起在小饭馆，喝点小酒。他除了喜欢甩滚灯，还有其他爱好，比如打门球。因为他是老年门球队队员，经常跟一些老年朋友，或者是去其他区县，或者有外事活动，去参加一些门球比赛。所以他平常生活还比较丰富，是比较积极开朗的一个人。

总的来说，他待人接物比较平易近人的，比较乐于助人，给人比较阳光的感觉。

采访者： 他对你们这些跟他一起学滚灯的弟子，除了训练以外，生活上或者说平时有没有什么关心的方面？

高敏明： 生活上来说，目前大家生活条件还是比较优越的，可能对我们的工作，包括为人方面，汪老师会给我们一些启示。特别在做人做事方面，我们受他的影响比较多。也就是做人一定要对得起自己的良心，对得起培养我们的国家、社会。然后他也经常会鼓励我们做一些有意义的公益事业。总之，他带给大家是比较积极、正面向上的一种感觉。

采访者: 汪老师是党员吗?

高敏明: 他还不是中共党员。

采访者: 你们有没有举行正式拜师仪式?

高敏明: 正式拜师嘛,仪式没有举行过,但是我们打算明年要正式地来一场拜师仪式。因为我们西安滚灯队队员目前也有七八个,这七八个队员相对而言,汪老师都是比较认可的,其实都是他的徒弟。今年年初,汪老师也来找过我,因为这些队员一直不是很稳定,希望能招收新学徒。说实话,我们余杭滚灯比较大,舞动它需要一些青壮年,那么年纪大的人,包括一些妇女,可能达不到这个要求,所以要招收青年男子。一些年纪轻的人,平时有工作,想来参加的也不多,所以说招收弟子还是有一定的难度。

采访者: 你们现在就是叫西安滚灯队吗?

高敏明: 我们为自己也创了个名字,叫"余武滚灯"。"余"就是余杭的"余",指余杭滚灯;"武"当然是武术的"武"。把这两者的意思合在一起,叫"余武滚灯"滚灯队。

采访者: 滚灯队现在总共有多少名队员?

高敏明: 包括我,包括汪老师,还包括金晓,我们现在有十个队员,其中有主力队员七名。我们一般上场表演的就是这七个人。汪老师作为我们滚灯技巧的指导,他主要负责教学和指导,就像教练一样。金晓主要负责滚灯队的后勤工作,我主要是对接一些表演活动,包括一些文化的传播传承活动。

采访者: 你们这个滚灯队是什么时候成立的?

高敏明: 成立这支队伍是蛮早的,今年(2019 年)因为一些队员年纪比较大了,演出不是很具有舞台感,再加上人员不是很稳定,所以做了比较大的调整,对一些老队员进行了替换。我们这支队伍现在平均年龄在三十五岁左右。

采访者: 也就是说这是一支新的队伍,才刚刚组建起来。

高敏明：是的。但是以前也是有滚灯队的，只是临时性的。比方说今天有表演任务，那么他们就临时组织起来，因此表演上整体的一个舞台感比较欠缺。今年我帮他们全部带起来之后，这支队伍出去表演的话，舞台感增强了，具有一定的观赏性。

采访者：你当队长了，是吧？

高敏明：咱们也不能说什么队长不队长，就是由我来组织一下，搞训练、出去活动等。应该来说，队员还是能很好配合的。

采访者：你们平时集中训练的时候多不多？

高敏明：训练比较多的，特别是为了参加最近一次的大型活动，就是我们南苑街道人民运动会的开幕式，进行了一段时间的集中训练。参加运动会开幕式的余杭滚灯表演，人数有三十到四十个人。我们西安滚灯队作为一个最原始的传承下来的大滚灯队，我们这几个队员当然是要参加的。另外还有一帮女子的滚灯，我们相互配合，两者结合起来表演。那么这么大型的一个队伍，我们整整训练了一个月。一个月的时间，相当辛苦，平时训练都是晚上。汪老师也参与进来的，他现场进行指导。另外也有一些舞台的指导老师参与，我们大家一起配合，把这台展示的节目排练出来。

汪妙林（左一）与西安滚灯队队员在一起

采访者：你们是几月份去参加运动会开幕式表演的，参加正式表演是几个人？

高敏明：正式表演是十月份，国庆之后了，好像是十月二十号。就为了这次表演，我们训练了一个多月。一个多月时间，是断断续续的，有时候晚上训练。因为毕竟有三十几号人，人要凑齐，也有一定的困难。当中应该有十几次的集中训练，两到三天来一次，不容易。

采访者：那么这次表演，观众反应怎么样？

高敏明：上场表演的时候，观众对我们的评价绝对是非常好。我在现场，看到现场的气氛很热烈，呐喊声、掌声，一阵阵的声响，称赞我们表演得不错。

采访者：这次演出的成功，是对你在这一年多时间里热心组织的回报，你作为队长，那你对西安滚灯的发展有什么打算？

高敏明：对于今后的打算，我结合我们南苑街道以及余杭区文广旅体工作的安排，进行了一个简单的策划。就是想把余杭滚灯文化进行拓展，包括制定一个 IP 的想法，这是一个文化 logo，以这种形式，在我们区的江南水乡文化博物馆，在人民广场那边，进行一个拓展。另外在我们街道的非物质文化遗产馆里也做一个拓展，在馆内做一个提升，特别是像我们余杭滚灯，也专门弄了一个陈列室。

还有结合我们街道前面的艺尚小镇，把滚灯作为一个时尚元素，与艺尚小镇相融合。比方说服装设计时，把余杭滚灯的 logo 与服饰的一些产品融合，实现"文化＋经济"的模式。应该来说，这也是一个发展。

采访者：就是说让传统的元素和现代的一些东西结合起来。

高敏明：对，把传统的和现代的一些东西结合起来。还有，我们南苑街道有一个元帅庙会，区级的一些非遗，会进行一个相对的结合，成立一个非遗的训练传承展示基地，或者文化馆。

采访者：现在有没有把余杭滚灯元素和我们其他的一些产品结合起来？

高敏明：目前还没有。这块东西，是我个人来说一直很想做的事情。我今年也去了解过，包括对接了一些做文化产业的。怎么说呢？

可能现在还有个相互认可的过程。这一块工作，前期汪老师也没有往这方面去深想，去考虑过。他纯粹就是想把这滚灯文化给保护起来，流传好、传承好，他是这么想的，但从来没有说把滚灯文化作为一种发展经济的手段、文化传播手段，让它去发展起来。

采访者：我觉得这应该也是滚灯传播发展的一种方式了。

高敏明：是的，是一种方式。

采访者：你是想通过这种方式，进一步扩大滚灯的影响力。

高敏明：对，比方说我们把滚灯元素加在一些产品上面，包括音响设备上面，进行传播，借助其他一些平台，如互联网的一些平台，能更好地传播。

采访者：你是说，滚灯不仅仅是表演。

高敏明：对，我想让滚灯元素更多地体现到一些实物上面去。

采访者：除了刚才讲的这些以外，你跟汪老师之间，或者说对余杭滚灯，还有没有其他的一些想讲的？

高敏明：主要还是想把余杭滚灯推开去，铺开去，不仅限于这些表演。包括我刚才讲的，我们的文广旅体局还可以在一些旅游规划方面做点文章。其实，从去年开始我就有那么个想法了，我们余杭滚灯可以创设一些相关的产品，推广出去，这样更有助于扩大我们余杭滚灯的影响。因为平时大家所能看到的、接触到的就是一些滚灯的表演，还没有任何的一些实物产品。其实我觉得这一块还是可以挖掘一下的，还是很有潜力的。可能这块不光是需要我们几名弟子、需要汪老师个人，还需要我们的政府，包括对民间艺术感兴趣的一些个人或者公司、企业家，要相互配合，相互探讨如何更好地发展。

三、汪妙林弟子高迪庆访谈：汪老师有一种精神很宝贵

访谈时间：2019 年 12 月 2 日

访谈地点：杭州市临平区西安社区

受访人：高迪庆

采访人：肖荣华

采访者：高老师你好！

高迪庆：你好！

采访者：你第一次跟汪妙林老师接触是什么时候？

高迪庆：那个时候还早呢，是 2013 年在余杭区的第八个非物质文化遗产保护月启动仪式上，我见到他在甩滚灯。

采访者：那是你第一次跟他见面？

高迪庆：是在那次区里组织的非遗保护月非遗展示活动中，我第一次看见他在甩那个很大的球（滚灯）嘛。当时觉得其他东西基本上都见过，平常看过的滚灯也是那种用竹子编的很小的球，像足球一样大的，而这么大的滚灯是第一次见到，然后我拎了一下，也感觉比较重。

采访者：那么第一次见到汪老师，他给你的第一印象是什么样的？

高迪庆：我的印象，感觉他是个比较和蔼的老大爷。然后看到他正在把玩那些滚灯，跟他的那些弟子说着什么，还在手把手地教他们。我当时在想，他年纪那么大了，还搞这么重的东西，心里很佩服的。因为我自己拎了拎大滚灯，的确是太重了。

采访者：见到汪老师之前，自己有没有看到过滚灯？

高迪庆：有。就东湖路那边有个立交桥，北面桥头的一个小花坛里就有几个铁做的滚灯，是个模型。第一次看到时，还不知道这是什么东西，后来一问，说是滚灯。后来在 2013 年的时候，因为街道文体中心说有个非遗文化节，我去看了汪老师他们表演，原来这个就是经常说的滚灯，这才知道了。

采访者：你第一次看到滚灯表演，当时是什么样的感受？

高迪庆：感觉这个东西真是力量型的表演。因为大滚灯真的是要力气大的人才能舞得动。

采访者：当时有想过自己以后也要来表演这个东西？

高迪庆：当初还没那么想过。后来有一次，汪老师我平常叫他老汪的，老汪看到我了，他问我："你不就是继林家儿子嘛？"我说是的。他后来就邀请我过来了，让我学习滚灯。

采访者：你和汪老师是一个村的？

高迪庆：一个村的。那次他邀请我过来参加甩滚灯，我说"好吧"，我就过来了。刚开始弄滚灯的时候，抓滚灯，手都痛死了。因为刚开始练，（手）戴着白的纱手套练的，因为那个时候手还嫩。现在直接拎了，手也不疼了，因为老茧都出来了。

采访者：你的长辈没有甩过滚灯？

高迪庆：我爸会绕着身体这样转，我爸也会弄的。反正我爸这个年龄段大家都知道滚灯这个东西的。我平常看见有几个阿姨也会弄的。

采访者：以前有没有跟你爸学过甩滚灯？

高迪庆：那没有了，正式学就是跟汪老师，还有汪老师他儿子，然后汪老师其他的一群弟子。

采访者：你是什么时候正式拜汪老师为师的？

高迪庆：我是比较晚，就是今年了。但是我很荣幸的，一来西安滚灯队，就作为主力上场。因为"蜘蛛吐丝""白鹤生蛋"这些动作，我都会了。

采访者：当时为什么会想到要拜汪老师为师？这段经过请你讲一讲。

高迪庆：因为汪老师那么热爱和重视滚灯，而且滚灯也是一种当地的文化特色，我们年轻人因滚灯结缘，大家又聚在一起嘛，平常聊聊，聚聚在一起都挺好的。因为大家都聚一起了，同一个村的，感觉气氛蛮融洽的，就这样子，我就愿意跟汪老师学习甩滚灯了。

采访者：你学甩滚灯的时候，汪老师他是怎么教的？

高迪庆：一开始学的时候，我弄也弄不好，而且这手好像被绊牢一样的，甩不起来。然后他就手把手地教我，指点我在滚灯绕着身体旋转的时候，手要抓着滚灯竹片，先把滚灯拎起来，然后滚灯在身体

滚灯缠腰动作

前后旋转的时候，他要我两只手抓着滚灯的同一个点，如果抓不好的话，就要滑脱手，滚灯要飞走的。他就这样子教我。

采访者：他教你的第一个动作是什么？

高迪庆：就是这个缠腰动作，也就是"金球缠身"这个基本动作。

采访者：这个动作你学了多久？

高迪庆：一会儿就学会了，是的，还比较快。

采访者：他有没有教你一些诀窍、一些技术要领？

高迪庆：有，他反正就是说滚灯一定要甩开来，甩开之后，人就感觉不会使用那么大的力气，就是可以用巧力。就是要巧力。如果你用很慢的速度去转滚灯的话，会越来越吃力。要用惯性，最后用巧力，不然的话，你要是用蛮力的话，这弄不动的，会感觉很重的。

采访者：汪老师他平时就是手把手地教你们？

高迪庆：是的，手把手地教。还有他儿子也会一起来教我们的。他儿子不是在表演"霸王举鼎"这个动作时站到叠起来的滚灯上去的嘛，滚灯表演最后亮相的一个动作，都是他儿子做的。主要是汪老师和他儿子，他们都会教我们的。刚开始教的时候，有个"白鹤生蛋"动作，我第一次跳过去，没掌握技巧和要领，膝盖都磕在水泥地上，流血了，这难度太大了。

采访者： "白鹤生蛋"那个动作你练了多久？

高迪庆： 差不多练了有半个月，就基本学会了。刚开始，我就先尝试一下，一跳过去，滚灯在地上滚动了，人就失去重心，摔在地上了。然后第二次跳的时候有心理阴影了，就怕，不敢跳。后来我们滚灯队有几个人站在滚灯前面，让我跳过去，如果跳得不好，就有人会扶住我，不会让我摔地上的。那我就胆子大了，一跳，成功了，之后就不怕了。后来转"蜘蛛吐丝"这个动作时，牙齿都差点断掉。

采访者： "蜘蛛吐丝"那个动作你会吗？

高迪庆： 会啊。

采访者： "蜘蛛吐丝"需要什么样的技巧？汪老师有没有给你讲过？

高迪庆： 汪老师反正就是说，头要抬起来，转的时候两只手捧住这个球，用力这样一转，滚灯就转起来了，然后马上就放开手。头要抬起来，球一转，人也转，球在自转，这样会省力。这个动作我也练了好久，因为这个滚灯动作要用牙齿咬住系着的一根绳子，刚开始牙齿没那么大的劲，牙齿有时候咬着咬着就松了，这一松，滚灯飞出去了，牙齿都疼死了，还好牙齿没断掉。

采访者： 这个动作你大概练了多久？

高迪庆： 大概练了一个星期。因为刚练习的时候，牙齿咬哪里有时候掌握不好，好像感觉咬这边也用不上力，咬那边也用不上力。多练练就找到位置了，然后就弄得动了，主要还是力气活，熟能生巧。

采访者： 汪老师总共教了你几个动作？

高迪庆： 滚灯的这些基本动作他基本上都教了，其他难度系数太高了，还没学会。毕竟像我也是今年才拜师，是吧？那些难度系数太大的动作，不是很快就会的。只要是我们平常最基本的表演，包括去舞台上或庙会上那些该会的东西，我全都会了。

采访者： 从练习到你第一次正式上场去表演，有多长时间？

高迪庆： 也就三个月的练习时间，我就作为主力上去表演了。

采访者：你第一次参加正式表演在哪里？

高迪庆：第一次正式参加表演，就是余杭区的滚灯比赛那一次，好像整个区有二十一支滚灯队伍参加这次比赛。我那次特别紧张，那是我第一次上舞台。到了比赛场地的时候，先彩排，我不停地练，生怕出错，生怕到时候灯从手上滑出去了。我在现场一看，二十一支队伍，只有我们的滚灯，跟其他队伍的滚灯完全不一样，他们的滚灯最大就这么一点点（比画手势）。而我们用的滚灯是那么大的（比画手势）。所以我们的表演跟他们不一样，他们都是小滚灯，女子滚灯中号的也就那么大一点（比画手势），大号的也没有我们的大。他们看到我们的滚灯都说："哇！这是什么滚灯，玩那么大的滚灯！"他们就没见过我们最原始的滚灯。很多人都说，我们真是老底子的滚灯呢，真的是这么大的一个。这就是我第一次参加正式比赛。

采访者：在参加这次正式比赛之前，你有没有参加过其他的滚灯表演？

高迪庆：这次比赛之前，去了一趟元帅庙会，我们也是表演滚灯。那是庙会上的表演，也有一个舞台，只是表演，不是正式比赛。在那次庙会活动中，海盐那边的叫海盐滚灯，他们也来了。他们的滚灯那是挺漂亮的，他们的滚灯跟我们一样重的，也是那么大。他们表演就绕几下身就结束了，没有动作，就是绕，就绕这个身。他们说，这个东西这么重，做不了太多动作。我们反正年轻小伙子，大家就一起做动作，然后把该有的，像舞蹈一样全都表演出来了，然后就做完了。大家都鼓掌，说好，没见过。

采访者：第一次表演上场之前，汪老师有没有给你们讲过，需要注意哪些问题、哪些事项？

高迪庆：就是说手要小心一点。因为我们这个滚灯，很容易割破或划破手的。你看我这里（伸出手掌），这个疤，就是被滚灯竹片划破的。我们的滚灯是用毛竹片编扎的，滚灯甩的时候一用力，它竹片跟竹片之间不是有个夹缝嘛，很可能会把手掌上的肉夹在里面了，用力一甩，肉被夹掉了。汪老师总是会提醒我们，要大家小心一点。他说，甩的时候，用力气把滚灯甩开，这样甩开来之后，手就不容易夹到。他总说，表演要表演好，但是安全一定要注意。因为我们虽然是个表演，但是有些动作还是有危险性的。我们好多人说，一场表演下来，手全都流血是很正常的。因为跟小滚灯相比，我们这大滚灯确实太有分量了。有时候不小心，比如练习的时候，脱手了，滚灯飞出去了，加上惯性，力道很大的，如果撞到别人身上，都能把人撞倒了，也是蛮危险的。因此，平常我们练习的时候，汪老师一直会提醒我们，要多注意安全，上场表演更加要多注意安全。

采访者： 那么表演结束之后下来，汪老师有没有跟你讲哪些地方没有做好，比如说哪个动作没有做到位？

高迪庆： 有的，他主要就是说我们表演的整齐度。因为参加表演的不光是我一个人，他是对我们大家都说，表演时整齐度不够。但我们都知道，这个是力气活，人的力气有大有小的，有的人可能使尽力气，也跟不上速度。如果是有的舞蹈，不用很大力气，肯定动作能够一致。那我们就像部队里一样，快的慢一点，慢的快一点，大家综合一下，基本达到整齐。但是难免出现无法保持整齐度的问题，因为毕竟是个太重的力气活。

采访者： 汪老师对你们单个的动作有没有要求哪个地方要改进的？

高迪庆： 单个动作的话，就是说滚灯甩起来，他要求我们一定要有劲道，不能像我们土话说的"死阳怪气"的，好像就是用不上劲一样的，一定要有阳刚气。如果你这样"死阳怪气"地弄起来，他就不喜欢，他说这样就不好看，那人精气神没有了，要给人感觉这个东西甩起来就很威武。他主要是要求这样子，有精气神，一定要甩出来，要给人感觉非常有力量的，如果软趴趴的，那肯定是不好看的。

采访者： 请你讲一讲汪老师在给你们训练的过程当中，你印象比较深刻的一些事情。

高迪庆： 其实也说不上哪些印象深刻，反正我们训练他每次都来，不管我们训练到多晚，比如说我们训练到晚上十点钟也好，他也十点钟回去。老年人肯定喜欢早点睡觉，可是他每次滚灯训练都陪着我们，他也就跟我们那么玩。训练完了之后，给我们吃水果。我们有多晚，他就陪我们多晚，反正就是一课也不落下，除非是他家里真的有事。我们训练多久，他也跟我们多久，他看着我们。如果我们哪里有表演，他也跟着去，基本是一次也没落下。他就比较关心我们的训练。主要这一点老汪还是蛮好的，挺关心我们。我们有时候到隔壁的临平中学，借场地训练，滚灯都要搬过去，他也帮我们搬。就一起搬，大家都一样的。一直以来的印象就是这个样子，他也没有说摆师父的架子。反正我们训练到多晚，他也陪到多晚，一直这样子的。

采访者：我们谈点汪老师个人的东西，根据你跟汪老师的接触，这么久了，因为你们之前就认识了，一个村的。

高迪庆：对，他还是我表姐的干爷爷。

采访者：那么你认为，汪老师的滚灯表演，有哪些特点？

高迪庆：他的特点就是原汁原味，遵循老底子传下来这么大的滚灯，他就是甩那么大的滚灯。我们仓库里面最大的滚灯，直径有 2 米多了，我也舞得起来，但是只能做最简单的缠身，你要做动作，那是有点难度了。因为有八十多斤，太重了，又这么大，都快到我肩膀这里了，太高了，太高了。他就坚持甩这最大的滚灯。我所接触的滚灯表演队，就我们的滚灯最原始，就是原始的滚灯。

采访者：你见到过直径 2 米的大滚灯能舞起来？

高迪庆：我舞过，就是特别费劲，你要是舞个两三分钟下来，你身体就热了，因为太重了，太大了。

采访者：那汪老师有没有舞过这么大的滚灯？

高迪庆：舞过，他舞了那么久，就是大滚灯，大家都说他就是因为舞滚灯，所以舞得身体好得不得了。

采访者：你觉得在汪老师身上，不管是滚灯的技艺也好，还是他的人品也好，最值得你学习的地方是什么？

高迪庆：汪老师有一种精神很宝贵，他对一件事情热爱了，不管有多困难，哪怕是支持的人少，他也要全心全意地把这个东西发扬下去。毕竟这是老底子的东西，现在有些东西也快绝迹了，是不是？现在还要持之以恒地去追求老底子的东西，确实精神是比较难能可贵的。对他老人家来说，这个滚灯玩了一辈子，也确实有感情在里面，也是不舍得。他就是担心后继无人了，不管怎么样，也要把滚灯传承下去。我们也听他讲过，"文化大革命"那个时候，滚灯被封了十年。

他说，那个时候心里很想念舞滚灯，吃饭的时候也会说起滚灯，盼望什么时候能够重见天日。后来改革开放了，滚灯恢复了，他特别高兴。他觉得这个滚灯终于可以拿出来甩了，不会说是断在他这一代，好像断香火一样的。

他老人家对滚灯的热爱、持之以恒的精神，也是值得我们学习的。因为就我们年轻人来说，现在诱惑的东西太多了，能有一份自己追求的东西挺好的。

采访者：他对滚灯是有感情在里面，几十年了，那么你知道他是从几岁开始甩滚灯的？

高迪庆：他跟我们说是十七八岁，说他从爷爷那边就传下来这个滚灯。他就说，只有到十来岁，有点力气了，才可以甩滚灯。

采访者：你知道他们家好几代人会甩滚灯的？

高迪庆：他说过，滚灯就是他爷爷那辈传下来的。他父亲、他的叔叔都会甩滚灯。然后传到他，反正很早就传下来了。

采访者：现在传到他的儿子、孙子，还有你们这些弟子手上了。

高迪庆：对，滚灯作为我们这里的特色文化，要保持住嘛。余杭滚灯毕竟是我们这一个地方的文化特色，是吧？就像汪老师说的，要原汁原味地传承下去，我们要遵循的是老底子的东西。老底子是多大的滚灯，我们还是多大的滚灯。

采访者：生活当中的汪老师是怎样的？

高迪庆：生活中，我前面也说了，他是一个很随和的人、一个没有架子的人。他平时和我们这些弟子跟朋友一样的，开得起玩笑，就跟忘年交一样的。有时候跟他开开玩笑，他也哈哈笑笑，反正就跟朋友一样。

采访者：那他对你们训练滚灯严格吗？

高迪庆：严格倒也还好，亦师亦友，也不算很严格。因为滚灯这个东西，喜欢的人就想甩甩，不喜欢的人看看也好的，给我们鼓鼓掌也好的。

采访者：汪老师他除了这个滚灯以外，平时还有什么其他的兴趣和爱好？

高迪庆：最近我接触他多了，知道他除了滚灯，还打门球，也得了奖了，还得了奖杯。平常好像只知道他玩滚灯，滚灯玩了之后，就打门球了，其他爱好我不太清楚了。

采访者：他现在毕竟年纪大了，滚灯不太甩了吧。

高迪庆：对，他现在甩滚灯已经有点吃力了，难度大的动作他不太做了，比较轻巧的动作会玩一下。我们训练的时候，他还是会甩两下，示范一下。他喜欢以身作则，衣服一脱，就给我们甩两下，精神是不错的。

采访者：他平时在生活、在工作当中，是怎么对待家人和弟子、朋友的，有没有什么特别的地方？

高迪庆：就跟邻居一样，也没什么特别，大家都挺亲热的。就像我有时候路过他家了，看到他，我就说："老汪你今天在家？"就打打招呼，就跟邻居一样的。

采访者：你们平时都叫他"老汪"的？

高迪庆：我叫他"老汪"的，叫习惯了，真叫习惯了，咱还真没叫他一声师父，就是老汪、老汪的，叫惯了。

采访者：你们有没有搞过拜师仪式？

高迪庆：我没有搞过仪式，其他人我不清楚了。反正我没有正式拜过，平时大多就叫他老汪，有时候"汪师父"这样叫一声。平常嘛，他说要练滚灯了，我们都说好，只要师父说话了，练滚灯了，我们到时候就去了。

采访者：刚才另外一个高老师讲的，你们西安滚灯队现在叫"余武滚灯队"，是吗？

高迪庆：舞韵，是余武滚灯队。

采访者：你们是另外一支滚灯队啊？

高迪庆：不是，就同一支的。我说错了，那是我们上次表演的一个节目叫"舞韵滚灯"。

采访者：你们这支滚灯队的名字是叫什么？上午听高老师说叫余武滚灯队。

高迪庆：对，余杭的余，武术的武。我刚才说的"舞韵滚灯"是一个节目，不是我们滚灯队的名称。

采访者：这支滚灯队的主力就是你们七个人？

高迪庆：对，主力队员是七个。其实替补队员也有，但是替补队员不多，包括管后勤的小姑娘，总共七八个人。

采访者：你们平时训练、排练在什么地方？

高迪庆：有时候就在村委操场这里，有时候在临平第一中学体育馆里。有机会还去别的地方教练滚灯，他们出去过，我没出去，我看他们有时候会在前塘那边，也会去临平山上雷达部队，去那里串门，去教教他们甩滚灯。

采访者：你们滚灯队是不是经常出去？那训练的时间多不多？

高迪庆：训练时间的话，也不算很多，但是我们每一次训练的时间比较长。比如说晚上六点钟集合，大家差不多半个小时内都会到，一训练就训练到晚上十点，有时会训到十点多。因为我们滚灯队也不算是正规队伍，是业余爱好的，大家也都是要上班的，所以有时候很难凑齐。因此大家能凑齐的时候，训练的时间就长一些。好不容易人齐了，我们就训练到晚上九十点钟，很晚的。

采访者：你们训练的时候汪老师都会到场？

高迪庆：他都会到场的，会一直陪着我们，给我们指导。

采访者：他是来给你们一些现场指导？

高迪庆：是的。汪老师主要对集体表演的动作整齐度比较关注。因为现在我们滚灯队主要领队是汪老师的儿子，还有他的一个侄子，所以组织训练主要是他们两个。

采访者：那汪老师怎么来让你们的集体训练做到整齐的？

高迪庆：平常我们训练时，他就是在边上喊口号，比如说迈得快一点、慢一点，有时候为了我们的整齐度，他就喊"一二一二"。我们这些队员白天都要上班的，因此我们基本上是牺牲业余时间。有时候，我老婆还会说你们晚上还要加班，去甩滚灯，今天不陪我了。我们为了传承滚灯，真的是尽量把自己个人时间挤出来。因为毕竟我们都年轻，还是要以工作为主的，还有家庭，就是尽量挤出时间训练滚灯，全力和汪老师一起，把滚灯发扬光大，传承下去。

四、民间文化研究者丰国需访谈：他的表演一看就是很民间的

访谈时间：2019 年 12 月 2 日
访谈地点：杭州市临平区塘栖镇文体服务中心
受访者：丰国需
采访者：肖荣华

采访者：丰老师好！先请您介绍一下自己的工作经历。

丰国需：我的工作经历应该说很复杂。我是企业的下岗工人。下岗了之后，因为我会写写弄弄，尤其是故事创作这方面比较强，上海《故事会》杂志社要聘我去，给我开个丰国需故事工作室，余杭这里不同意。不同意怎么办？就把我搞到县文联去了。因为当时我年纪有点大了，也进不到编制里去，那么就帮文联他们编杂志。当时，我们余杭区文联有本内部刊物叫《美丽洲》，我就在《美丽洲》杂志当编辑。

采访者：那您关注汪妙林老师和我们余杭滚灯是在什么时候？

丰国需：应该是 2006 年了。我从 20 世纪 70 年代开始喜欢民间文学，开始搞民间文学的搜集和整理，写一些传说，收集这些东西，包括向一些老人打听那些过去的习俗，做这方面的资料积累。到了 2006 年的时候，我们国家开展非物质文化遗产普查。从那时开始，我就关注余杭滚灯了。我记得，当时我们申报第一批国家非遗项目时，我们余杭区申报一个"杨乃武与小白菜传说"。这个是我极力参与的，因为我本身是搞传说的。但这个项目申报没有成功，这个项目后来成为省级非遗名录项目。后来就改报"余杭滚灯"，成功了，余杭滚灯成为第一批国家级非遗名录项目。

余杭滚灯成为国家级非遗名录项目之后，省文化厅要出版一套国家非遗项目丛书，那么余杭滚灯也要写一本书。一开始在我前面有几个人想写这本书，种种原因没写，后来时间节点快到了，还是没人写，最后这个任务就落到了我身上。

采访者： 丰老师，在这之前，您了不了解余杭滚灯？

丰国需： 有所了解，有所关注，但就没这么深。比如余杭滚灯流传在我们余杭什么地方，大概流传了多少时间，这个都知道。但具体的一些，比如说我刚才和你说的（滚灯）套路，那就完全不懂了。它是怎么起源的，主要的传承人有哪些，我只知道汪妙林，具体的细节不是很清楚。

所以，如果对余杭滚灯一点不懂，我也不会接写这本书的任务。但是，写书的任务接下来之后，感觉到"上当了"。因为这里面牵扯了很多东西，音乐、套路、服装等等。传统的滚灯，对服装是不讲究的，当时老百姓无非是把自己最好的衣服穿出去，就像过年穿的新衣服。那么现在不一样了，讲究统一服装。除了服装的变化，音乐方面，我们最早是敲锣打鼓就好了，现在有各种各样的配乐，跟过去都不一样。

采访者： 在非遗普查工作之前，你有没有看到过汪老师的滚灯表演？

丰国需： 那没有，我最早看到的滚灯都是文化馆罗倩萍老师改编的滚灯舞蹈了，这是舞台艺术了。真正看到汪老师舞滚灯，是我为了写书，去采访他的时候才看到的。

采访者： 你后来是在什么地方看到汪老师舞滚灯？

丰国需： 后来到他家里去采访，说到滚灯表演动作这个点，他就示范给我看。他正式的表演，比如说他参加民间艺术踩街，我也没去看过。翁梅这里的滚灯，新中国成立后，最早出去表演是1964年国庆节，那时我还小。70年代参加青年民兵俱乐部会演，我也没参与。后来就到了90年代的滚灯踩街表演了，这个我知道，但这场面太热闹，我热闹的地方是不去的。所以我真正看汪老师表演滚灯，就是为了写书采访他的时候，也就是说他示范给我看，我才真正看到。

采访者：您当时看了汪老师表演滚灯动作之后，你的感受是什么？

丰国需：我的感受是两个字——震撼。这么大一个滚灯，他舞的是大滚灯，还舞得得心应手，了不得！因为我认识汪老师的时候，他年龄也已经大了，因此他给我的感觉是他身体还这么好，这就是他常年舞滚灯打下的基础。他个子这么高，而且他现在腰板还很挺拔，像个当过兵的人，但他没当过兵，他就靠平时这种锻炼。滚灯就是一种民间舞蹈，能强身健体，他这么大年纪还能舞动传统的民间的大滚灯。他给人的就是一种震撼、一种阳刚之气。

采访者：您观看了汪妙林老师的滚灯表演后，你认为汪老师的滚灯表演有哪些特点和他个人的一些风格？

丰国需：我感觉汪老师的滚灯表演，是比较粗犷的风格，给人一种很传统的民间的感觉。他的表演，一看就感觉这是纯民间的。包括他的那些亮相动作，不像舞台化和观赏性特别强的那种。他的那些滚灯动作，"武松盘头""鳑鲏戏滩"等，一看就觉得是从民间出来的，传统的，很草根的。而且他给我的感觉是一种力量之美、一种阳刚之气。因此，看他表演滚灯，感觉很震撼的，不像那些舞台上表演的小滚灯，"喤喤喤喤"来，"喤喤喤喤"去，完全两样的感觉。他们舞台上的小滚灯表演，我感觉观赏性特别强。而汪妙林老师他们现在这么多人表演大滚灯，一队人过来，给人的是一种震撼感。

传统的民间滚灯表演，人不多的，五六个人，七八个人，人不是太多，甚至四五个人也可以弄。就是一种力量感，好像一种竞技，一种竞技表演。

采访者：您刚才提到您在非遗普查的时候，对余杭滚灯那些动作套路的名称都了解到了吗？

丰国需：当时我普查的时候，对滚灯表演动作的名称进行了调查。调查当中，他们说了一些名称，但是他们就是说不齐这二十七个动作的名称，只能说到十几个。

采访者：那您普查结束的时候，九套二十七个滚灯动作的名称是不是了解完整了？

丰国需：没有，当时就知道滚灯表演有九套二十七个动作，但这二十七个动作去采访老人，最多的也只能说到十一二个。

采访者：那后来是怎样把这些名称补齐的？

丰国需：是我跑了几个地方，翁梅、钱塘社区、五常街道，然后跑到海盐和上海奉贤去采访。我把这二十七个动作弄出来之后，再给这些甩滚灯的老人们看，包括汪妙林老师也看了。他们看了后说对的，最开始说不出来是有些动作名称因为时间长了忘记掉了。

采访者：您给我讲一讲，您到其他地方去采访滚灯动作，把二十七个动作的名称凑齐的过程中，让您印象深刻的一些事情。

丰国需：在搞清楚二十七个滚灯动作这个过程当中，我曾经想过，可能会半途而废。因为这凭空想象是想不出来的，我当时只了解到十一个动作的名称。后来在五常街道那边就凑到了十三个，还有十几个动作名称没有采访到。我曾经想用省略号来处理，"金球缠身"等二十七个动作，后来我想这样不行，既然写在书中，就要留下完整的资料。就这样，我再去采访，可他们还是说记不清楚了。这个时候，我突然想到，滚灯不光是余杭有，其他那些海边的县市也有。那么我还能到其他有滚灯的县市去讨教，好在我长期在搞民间文学工作，各地有许多搞民间文艺的朋友。我就通过海盐的朋友、奉贤的朋友，就让他们把当地滚灯的资料找来给我。这一找，让我发现了很多滚灯动作名称，比如我们这里"武松盘头""关平举印"，他们都有。那么有一些我们这里没有的，他们那里也有。比如说什么"霸王举鼎"，我不知道我们这里当时有没有，那么我就去找汪妙林，他说是有"霸王举鼎"，他马上就给我演示这个动作，他会做，但忘记这个名称了。就这样，我把这二十七个动作名称一个一个搜集过来，再征求汪妙林等这些人的意见。他们也很开心，把他们二十七个动作都弄齐了。把这二十七个动作的名称弄齐，大概花了将近一个月时间。

采访者：您为了搞清楚这二十七个动作的名称，专门到海盐、奉贤去了解？

丰国需：去找朋友，通过朋友进行了解。到现在为止，只知道九套二十七个动作。可是这二十七个动作，怎么分成九套？汪妙林他们也分不清楚。我刚才说九套二十七个动作，平均分的话，每一套是三个动作了。那么这九套又是什么名称，当时没有搞清楚。

采访者：后来九套的名称有没有搞清楚？

丰国需：没有，到现在还是没有弄清楚。现在就把二十七个动作弄清楚了。这九套，比如说第一套叫什么名字，第二套叫什么名字，没有搞清楚。

采访者：您有没有想过协助他们把它分出来？

丰国需：没办法，因为我不能瞎编，我找过奉贤、海盐文化部门和舞滚灯的人，他们也都是统称九套二十七个动作，没有这第一套叫什么，第二套叫什么的记录。应该是不太有办法，很难了。

采访者：那么这二十七个动作，是不是每个动作都是单独表演的？

丰国需：我也问过汪妙林老师，他说基本是单独表演的，但有些是可以连贯的。有些动作就是这么舞过去，舞到这里就做另外一个动作了，可以连起来，但不是二十七个动作全部连贯起来做的。其实二十七个动作，按照我的理解，是他在滚灯舞蹈中的亮相动作，他滚灯舞到一定的时候，啪一个亮相，是个亮相动作，并不是二十七个动作连贯起来成为一套滚灯表演。因为它属民间舞蹈类，过去出庙会什么，他是拿着滚灯在走的，走到一定时候，突然"啪"一个动作，比如说"武松盘头"。和现在的舞台上表演的滚灯不一样，舞台上一个动作和一个动作是连贯的。而民间是用来踩街的，滚灯是边走边舞的，人少的时候，他就拿着滚灯走路，人多的时候"哐哐哐哐"舞起来，它是这样的。

采访者：汪老师他在传承二十七个动作的基础上，对一些动作作了一些创新发展，这个您知道吗？

丰国需：这我不是很清楚，因为我当时主要是研究传统的二十七个动作，他创造了什么，我也没关注。

采访者：余杭滚灯是一种民间的舞蹈形式，应该说是融竞技、武术于一身的，据说是已经有了八百多年的历史。那么我想请你谈一谈余杭滚灯的起源，以及历史渊源。

丰国需：原本我们这里不叫"余杭滚灯"，这是上世纪 90 年代滚灯发展了才叫余杭滚灯的，原来这里就叫翁梅滚灯。翁梅滚灯的起源，有几种说法，一种就是抗击海盗。因为当时翁梅、乔司一带就在钱塘江边，这里的百姓用海水晒盐，收入还不错。那么，钱塘江边有海盗过来，掠抢钱财嘛。老百姓为了对付海盗，首先要强身健体，当地有一个老篾匠，用竹片做出了一个滚灯，在里面挂个灯，晚上舞动会亮的。晚上在舞的时候，那灯在闪，海盗过来了，看到这玩意儿，不知道这是什么新式武器，一下子就逃掉了。这是一种滚灯起源的说法。

采访者：那还有其他起源的说法吗？

丰国需：第二种起源说法就是娱神，娱乐的娱，神仙的神。过去，我们中国人信奉神仙和佛道两教，还有就是祖先和地方神及祖师爷，很多的地方神是老百姓崇拜的偶像。这地方神里面包括什么？包括风雨雷电——雷公雷母，包括各个行业的祖师爷，种水稻有"田公田母""土地菩萨"，我们这里栽桑养蚕有"马鸣王菩萨"。每一个行业都认为有祖师爷、神仙，他来分管这个行业的，都要祭拜他。普通的祭神，无非就是焚香点烛。在菩萨生日或者忌日这一天就焚香点烛。比如说观音菩萨，民间传说有三个生日——二月十九、六月十九、九月十九，在他生日就焚香点烛。那么老百姓觉得这还不够虔诚，特别是那些比较大一点的菩萨，这个菩萨管一个地方的人的生存的，那么怎么办？在菩萨生日的时候，要抬着菩萨巡游，在菩萨管辖的范围，一个村一个村去走过。在菩萨出行的时候，前面要有人开道的，就像我们老百姓想象的，皇帝出来怎么样，皇帝出来前面要鸣锣开道，那么在菩萨出行时也鸣锣开道，就产生了各种各样的民间艺术。鸣锣开道需要有个什么东西的嘛，那么滚灯是最好的一种开道，因为它这么大，滚过来了嘛，人就散开了，就散在旁边了。就这样产生了类似滚灯的各种各样的民间艺术，这就是所谓的娱神。

采访者：除了上面您说的两种起源说法，还有吗？

丰国需：还有就是庙会说。我们这里庙会有两种，一种是坐会，一种是行会。坐会就是坐在庙里的，那些老太太念经，叫坐会。行会，就是出行的。过去的庙会出行蛮好玩的，抬着菩萨，到管辖的一个村一个村转过去。到这个村的时候，村里有人接待的，可以在这里休息一下，喝口水什么的，也有民间艺术表演的，舞龙的、舞狮子的都有。这样几个村巡游完毕，需要一天时间。

采访者： 听说翁梅滚灯与当地的元帅庙会有很大关系。

丰国需： 是的，我们翁梅滚灯的流传发展还和元帅庙会有很大的关系。元帅庙会的元帅菩萨，这里百姓叫他"瘟元帅"。这个瘟元帅确实是老百姓想象出来的，他们自己封的一个神，其实没有这么个神灵。当地有这么一个传说：有一个书生上京赶考，南宋的时候京城在杭州嘛，这天路过这里的时候天色已经黑了，便在城隍庙里过夜了。庙里有一口井，半夜里，有一个瘟神到井里面放毒药，被他看见了。第二天老百姓来这口井吊水，他就不让大家吊，说井水有毒，可大家都不相信："我们天天喝这口井水，怎么会有毒？"几个小伙子把他岔开，要吊水。这个书生没办法了，他就纵身一跃，跳进井里，大家把他捞起来时，他已经七窍流血死掉了。这时候大家知道这个井水有毒了。这里百姓为了感谢他救了大家的命，就按他的样子塑了一个菩萨。由于他中毒七窍流血了嘛，浑身都黑了，所以塑了个黑脸，因为他是抗击了瘟神，所以叫他瘟元帅。每逢农历五月十六，举行瘟元帅庙会，据说这天是这位书生死的那天。滚灯是瘟元帅庙会必出场的表演项目。

采访者： 那滚灯跟元帅庙会有什么关系？

丰国需： 就是瘟元帅庙会出会时，要滚灯在前面开道。就这样，伴随着一年一度的元帅庙会，滚灯在这里就这么发展起来了。元帅庙会在新中国成立之后就停了，所以翁梅滚灯也就停了。到1964年，张长工老师发现有这好的一个民间舞蹈，那么瘟元帅又不能抬出来巡游，怎么弄呢？就塑了个雷锋像，抬着雷锋，游到了临平街上，滚灯也参加了，非常热闹。

采访者： 您知道滚灯是怎么制作出来的吗？

丰国需： 用毛竹片做的。毛竹要取冬竹，夏竹不行，夏天的毛竹里面雨水多，冬天的竹里面的水分少。而且做滚灯一般去掉毛竹根部、梢部，就取中间一段。

采访者： 那滚灯整个编制的工序是怎样的？

丰国需： 首先是劈竹，毛竹劈成竹片后，要刮过、刮光（干净），否则手要弄破的。然后就编制。翁梅这里有个篾匠，叫莫德兴，他会编扎滚灯，是做滚灯的一个传承人。

采访者： 一般来说编一只滚灯的话，需要几根竹片？

丰国需： 需要几根，具体的我也说不清楚了。原来写《余杭滚灯》这本书的时候我了解过，因为《余杭滚灯》这本书我写好已经十来年了，现在也记不太清了。

采访者： 余杭滚灯编扎上跟其他地方的滚灯还是有些不一样的？

丰国需： 主要是我们滚灯编扎技艺上、材料上，与别的地方有点不一样。莫德兴也是后来学出来的。他年轻的时候也没有做过滚灯，后来我们要舞滚灯，特别是改革开放之后，挖掘民间艺术，要舞滚灯了，老滚灯年久失修了，要重新做，他就是看着这个老滚灯，照样画葫芦做出来的。

采访者： 编滚灯有没有什么技巧？

丰田需： 应该有技巧的，肯定有技巧，要编成这么一个圆球，纯粹手工的，没有技巧怎么行？具体（怎么编），那就要去采访莫德兴了，因为我不会编，所以说不出来。

采访者： 滚灯的大小有没有什么讲究？

丰国需： 滚灯的大小有讲究的，我们现在像舞台上表演的都是小滚灯，我们过去都是大滚灯。滚灯的大小根据你的体力，一个中滚灯相对来说轻一点，大滚灯就重了。

采访者： 中滚灯大概有多大？

丰国需： 直径大概1米左右。因为当时甩滚灯，每个村与村之间相互比的。比什么？比力气。你这个村的滚灯是一米的，我就做个1.2米的，就这样越来越大。

采访者： 那最大的滚灯有多大？

丰国需： 最大的可能直径1.5米吧，因为也没有一个明确的标准，可大可小，最大的滚灯究竟多少，我具体也说不上来。

采访者： 还有滚灯中间不是还挂有一个小球嘛。

丰国需： 对，只有大滚灯中间有小球，就挂在大滚灯的中心位置。过去这里有红心灯和黑心灯两种，中间小球用红布包的叫红心灯，用黑布包的叫黑心灯。

采访者： 过去，滚灯里面的小球里还点蜡烛，会发光，舞动起来的话，那蜡烛为什么不会熄灭？

丰国需： 它这个小的圆球，固定在中间，滚灯舞动起来时，小球基本保持平衡状态，而且用布包住的，所以就不会熄灭。就像我们舞水流星一样，那碗里盛满的水，舞得快，水一点都不会掉下来，这是同样的一个道理。关键是舞动得要快，让它处在一种平衡状态。你舞动得慢了，水就会倒出来了。

采访者： 您刚才提到，滚灯有黑心灯和红心灯的区别，这是怎么回事？

丰国需： 黑心灯，用黑布包的，这里的人称武灯；红心灯，用红布包的，称文灯。

采访者： 为什么要分成文灯和武灯？

丰国需： 文灯是纯粹表演性的，武灯是竞技性的，是比力气的。怎么比呢？一个是武灯上面可以加铁链，分量重，看你能不能舞得动。第二个，看你能舞多长时间。所以黑心灯是互相比的，村落与村落之间相互比试。但这个都是新中国成立前的事情，现在就没有了。过去每个村子要争老大，对不对？就像赛龙舟一样，我这个村的龙舟要比你快，就一个道理。

采访者： 现在为什么没有黑心灯？

丰国需： 听说过去因为比黑心灯经常发生村坊与村坊之间打架的事情，会产生治安问题，所以被禁止了。现在舞滚灯不存在村民之间的竞争了，如果你竞争的话，领导要找你麻烦了，对不对？现在要讲团结，所以就没有黑心灯了。

采访者： 现在舞滚灯是为了欣赏，为了锻炼身体。

丰国需： 对，现在舞滚灯是一种爱好，纯粹是一种欣赏，也有人是为了强身健体。过去是每个村落之间，都互相要竞争，要械斗。就像我们五常那边龙舟竞赛，过去每年都要打架的，你的快了，我的慢了，每年都要打架，现在这个事情就没有了。

采访者：滚灯正式表演的时候，它的程序是怎样子的？

丰国需：滚灯的具体表演程序，这个我不懂了，因为我没有参与滚灯表演。现在的滚灯表演花样蛮多的，是根据需要，一直是在改变，包括出场什么，是在变化的。

采访者：余杭滚灯表演确实需要体现一种力量的美和气势上的一种效果，那么你认为他的难度体现在哪里？

丰国需：难度，首先是你要有力气，要有一定的力气。我们传统的余杭滚灯很大很重的，一个村没有几个人能表演。我们说民间的大力士才能舞。因为滚灯本身比较重，几十斤重的一个滚灯，你抓起来要不停地舞，没有一定的气力是不行的。它的难度基本上就在这里，你没有力气对付不了它，所以我发现那些舞滚灯的男子，用我们土话来说，是块头大的人，又高又大的。像我们这种个子是不行的。

采访者：所以要学滚灯的话，首先必须具备一定的身体条件。

丰国需：是的呀，我们过去说学习滚灯强身健体，他其实首先要身强体健的人，才能来舞滚灯的，否则你舞不起来。所以现在我觉得是小滚灯倒是蛮好。那么开始小的舞着了，再舞中的，再舞大的。

采访者：新中国成立前，表演滚灯的一般都是男性，女的很少。

丰国需：新中国成立前舞滚灯女的没有的。新中国成立前的话，一般的民间舞蹈都不太有女的。就像跑马灯那些民间舞蹈，不是要有女的吗？那都是男扮女装的。新中国成立前，妇女是没有地位的，你怎么可以出来？只能在旁边看看。

采访者：后来女性是从什么时候开始参与到滚灯表演的？

丰国需：我们余杭滚灯女性参与表演，那是在 20 世纪 90 年代罗倩萍对滚灯表演进行改编之后。

采访者：这个过程您知道吗？

丰国需：这个过程是这样的，罗倩萍是县文化馆引进的舞蹈干部，她感觉舞滚灯好玩，要搬上舞台，她就编排了一个舞台版本的滚灯舞蹈。当时都是青年演员，都是女的，女性多，所以滚灯表演女性化了。这个滚灯表演，相对来说，缺少点阳刚之气了。

采访者：那么女性在表演的时候，动作套路与男子表演的一样吗？

丰国需：女性表演就动作美，和男性比起来，动作就显得柔美。男性的（风格）粗犷，她这个细腻。

采访者：那套路跟男的套路不一样。

丰国需：这完全是舞蹈套路了，不像我们传统的九套二十七个动作，纯粹是舞蹈动作了。

采访者：除了女性参加舞滚灯以外，好像还有一些学生和少年儿童也加入了舞滚灯的队伍。

丰国需：这都是后来的事情了。这都是余杭滚灯出名了之后，要传承下去，那么就从娃娃抓起。这样的少年舞滚灯，过去是没有的。

采访者：听说还有武术学校在训练滚灯，把舞滚灯作为一项武术进行教学，有这事吗？

丰国需：有这事的，那就是我们余杭区的中泰武术学校，他们把滚灯作为他们的训练项目，有一支滚灯表演队。到了 2008 年，北京奥运会组委会选中余杭滚灯去参加开幕式前的表演，那么中泰武校的学生有武术基本功，也熟悉滚灯表演，所以让武校学生参与进来，增加了一些动作的难度。但是最后他们没有去北京，是请了另外的武警战士参加的。

采访者：这种武术队员参与进来之后，会不会对二十七套动作有突破？

丰国需：肯定有突破了，肯定是他们自己有所创新。

采访者：你认为不管是女子也好，少年儿童也好，还是武术队员也好，他们参与进来，对于弘扬和推广我们余杭滚灯，具有怎样的意义？

丰国需：他们的参与，对余杭滚灯整个传承来说，绝对是有好处的。比如说可以提高余杭滚灯的知名度，打出去，我早就说，像汪老师这样肯定是不行了。要让滚灯舞出去，走出国门，就是要靠年轻的一批人。比如说武术队员的参与，他那个动作，空心跟斗，一个个翻下来。当时北京奥运会暖场演出的时候，很大的一个滚灯，站在上面，空心跟斗翻下来，像这种我们民间舞滚灯的行吗？不行。没有一个人吃得消。

采访者：也就是说我们武术队员参加舞滚灯之后，增加了一些难度和观赏度，这样的话，会不会脱离掉民间滚灯的这个传统？

丰国需：我觉得是不会的，因为他们的参与是有局限性的。他们并不是所有的滚灯表演都参与进来的，他们最多是参与某一项活动，比如到哪里去比赛，需要有一定的观赏度，也需要有一定的表演难度，他们才会参与进来。平时我们在传承的，还是原汁原味的、原生态的余杭滚灯。

采访者：您认为他们的参与，主要是对推广弘扬余杭滚灯起到什么作用？

丰国需：其实就起到一个把余杭滚灯往外面推广的作用。我举个例子，比如说余杭滚灯进入北京 2008 年奥运会的暖场表演，我们完全原生态的余杭滚灯，搬过去行不行？肯定没有观赏性。这需要有一定的观赏性、有一定的表演难度。所以就上了懂点武术的演员，那么一个个动作就好看，就进了奥运会开幕式前表演。当时是奥运会开幕式的导演到余杭来看的、来选的。你纯粹的农村敲敲打打的滚灯，肯定是弄不上。你说对不对？所以要推出去，要介绍余杭滚灯，需要有一定的表演难度，需要有一定的观赏性。这个时候，需要有一定的其他人士来参与。我觉得这个和传统的余杭滚灯的传承，是不冲突的。

采访者：您的意思是一方面保护传统滚灯，另一方面通过多种渠道宣传推广余杭滚灯？

丰国需：是的。从某种意义上讲，少年儿童、武术队员他们参与滚灯表演，是起到了推广作用。就像我们民间故事一样，我们原生态的民间故事的演讲，讲的都是方言：在塘栖，讲塘栖方言；在临平，讲临平方言。但是我们要把余杭的民间故事推到北京去的话，你怎么办？你必须要用普通话，或者要打字幕，是吧？这就是一种变化。难道说这个就不是原生态了吗？还是原生态。加一点变化，就像我们浙江的一个地方曲艺——绍兴莲花落，翁仁康唱莲花落很好，但他到天津去比赛，天津人听不懂，没办法，就打字幕。我们在当地不用打字幕的，这也是一种变化。打字幕是一种特技了，那么难道说就不是原生态了吗？还是原生态。我是这样理解的。

因为现在的时代不一样了，我们过去的余杭滚灯，就表演给附近的老百姓看，整个余杭都谈不上。我们过去实际上是翁梅滚灯，就在翁梅这一带，整个余杭人是看不到的。那么现在要做大，变成余杭滚灯，要让更多的人看，那就肯定要有所变化。

采访者：我们谈下一个问题，就是新中国成立前的滚灯表演，表演者的服装是怎样的？

丰国需：就是平常穿的服装，就是说穿好一点的衣服。据我的了解，当时是没有专门的滚灯表演队的，都是临时凑了，就几个小兄弟平时一起在练的，那么有庙会了，几个人一起就去了。就这样子的。

采访者：那么现在滚灯表演服装有统一标准吗？

丰国需：现在滚灯表演就有服装了，但这服装是各地的滚灯表演队自己决定的，没有整个余杭区统一的服装。比如说汪老师他们，我不知道社区里有没有给他们定制服装，因为我们现在相对来说条件好了，有一些社区不定制服装，他们自己也会做，包括我们一些民间的舞蹈队，自己也会出钱，统一做服装，现在很普遍。现在生活条件好了嘛！

而且现在好玩了，我们余杭现在有很多的滚灯队，每个乡镇都有滚灯队，但服装各不相同的。为什么？因为是根据自己的需要来的，但是有一点相对来说是一样的，都是传统服装。你讲得具体点，像民国时代，我们男人穿的衣服是对襟的，对不对？

采访者：那么音乐呢？余杭滚灯的伴奏乐器是什么？

丰国需：伴奏乐器，我刚才跟你说过，一开始是打击乐。因为对音乐这一块，我是真的不懂。那么我当时编《余杭滚灯》这本书的时候，就是找到了我们区当时音乐家协会主席陈乃铨老师。他告诉我余杭滚灯最早是打击乐，就锣鼓，说白了就是打打锣、敲敲鼓。那么后来滚灯搬上舞台之后，光是打击乐太单调了，要穿插丝竹等各种各样的音乐，后来就用伴奏带，把广东音乐也弄进来了——广东的《步步高》。具体怎么样，也要问那些专家了，再具体我也说不上来。

采访者：传统滚灯表演有没有它自己专门的音乐？

丰国需：没有，现在可能会有配乐，我也不清楚。我现在指的，有的话，也是那些舞台上表演的。他们可能有音乐带子了。

采访者：余杭滚灯传承到现在为止，应该说有八百多年的历史了，那么你认为这项民间艺术，它为什么能够这么长时间流传下来，能够经久不衰？

丰国需：翁梅滚灯能几百年流传下来，我在《余杭滚灯》这本书里做了解释。我感觉到，它能流传下来，其中一个原因是当地老百姓对神的信仰，就是庙会，这里的元帅庙会是翁梅滚灯流传下来的一个主要因素。因为元帅庙会我们一年一度都要搞的，为什么1949年之后翁梅滚灯一下子就不流传了呢？是因为元帅庙会不办了。那么现在为什么滚灯会发展呢？现在政府开始重视文化，要挖掘传统文化，要丰富我们民间的文化项目，开始重视民间艺术了。那么，余杭滚灯也从方方面面得到重视，现在元宵节举行灯会要踩街，各种各样的踩街活动，使滚灯保留了下来。所以民间的项目，一定要有它的生存的空间，你一旦失去了这个空间，就很麻烦。

还有一方面，传统滚灯表演就几个人，大家喜欢就玩玩，玩完之后你需要有个表演空间，我要表演给大家看，我总不能吆喝：你们来看，你们来看。没人来看怎么办？那庙会就给他们提供了一个表演的空间，大家在庙会上跟着看滚灯表演。就像我们讲故事一样的，也需要有一个空间。

采访者：根据您的研究，余杭滚灯它的价值体现在哪些方面？

丰国需：它的特点和价值，我认为，一个是地域性，它代表我们一个地方的一种传统的艺术。第二个，我觉得它又有一种竞技性，它是人和体育相结合的一种。还有一个是它的民俗性，它是一种娱神的表演，讨神明喜欢，有菩萨出游，它在前面表演给菩萨看，我觉得这是它的民俗价值。

采访者：经济价值这块应该比较少吧？

丰国需：传统的滚灯是没有经济价值的。现在倒难说，比如现在有个地方，请你去表演滚灯的话，说不定会有钱。但光靠这个也不是一项民间艺术传承下去的主要因素。

采访者： 您觉得余杭滚灯现状是怎么样的情况？

丰国需： 现在余杭滚灯我也不太了解。毕竟我在民间文艺这条线上，主要关注的是民间文学，而不是民间艺术。余杭滚灯这块，主要是区非遗办在管，也就是说是文广旅体局、其他政府部门，我所在的是文联——文学艺术界联合会，所以是两个地方。我们是一个协会，那么我所关注的绝大部分都是民间文学。民间文学，比如说"杨乃武小白菜传说"，这个传说也是非遗项目，这个是我在关注的，甚至我一直在传讲。

采访者： 我们刚才谈了这么多，您对余杭滚灯的传承发展也好，对汪老师也好，还有一些什么想法要说的？

丰国需： 我觉得我们余杭滚灯，现在应该说是我们区所有的非遗项目里面，保护传承工作做得比较好的一个项目，也可以说是做得最好的一个。但我觉得我们余杭滚灯要传承下去，就是要保护好像汪老师这样的传承人。因为我总担心，民间的余杭滚灯，会不会失传？艺术项目面临着什么问题？（传承人）年龄偏大，就像我刚才和你说，汪老师身体还好的，但你叫他整套舞下来，我估计也够呛。我们仁和街道的民间舞蹈高头竹马，都是一批七八十岁的老头老太，这样不行。培养年轻人可以，但他们都有工作，要上班。学生也可以，但毕竟他们的主要任务是学习、读书。现在为什么什么项目都是老头老太

余杭滚灯在少儿中传承发展

（参与比较多）呢？因为他们既有闲又有钱。你说要做套服装，每人拿个 500 块钱，他能拿得出来，学生叫他出几百块钱，他要问爸爸妈妈去拿，这就麻烦了。就像我们这里搞故事，我经常走到学校传承故事讲演，也是这样。我有一大帮徒弟，年轻的，讲得很好，但是他们都在各自的岗位上，走不出来，双休日有的时候可以来，平时讲故事就是我们几个老头老太。所以现在我们民间艺术项目，问题都是（参与者）年龄偏大。我们讲故事要传承，我有个传承基地，是云会小学。这些小学生讲故事讲得很好了，但一读初中、高中就"丢"了，他还要考大学，所以我也不敢去了，你说是不是？就存在着这个问题。在小学生中传承，重不重要？重要。但到了初中、高中之后，他"丢"到哪里去了都不知道，你说是不是？你来拍摄相片了，我们能拉出一支少年滚灯队。读初中了、读高中了，又有一批孩子进来，学生源源不断的，这就是少年滚灯队。

像我年轻的时候，我还不知道余杭滚灯。到现在，余杭滚灯知名度在余杭虽然谈不上家喻户晓，但百分之八九十都知道，这我觉得很好。而且我们每个乡镇街道都有滚灯队，每几年要搞一次余杭滚灯大赛的嘛，还搞成了滚灯操。我觉得这个很好，这也是在传承发展。

五、南苑街道综合文化站站长张长发访谈：他对滚灯有一种很深的情怀

访谈时间：2019 年 11 月 30 日
访谈地点：杭州市临平区南苑街道行政中心
受访者：张长发
采访者：陈顺水

采访者：张站长好！南苑街道是余杭滚灯的一个发源地，你们街道西安社区的汪妙林是国家级非物质文化遗产余杭滚灯代表性传承人，非常不容易。那您是什么时候认识汪妙林的？

张长发：应该是在 2006 年，是我在南苑街道从事文体工作之后。我是 2005 年从部队转业到南苑街道的。

采访者：您是南苑街道人？
张长发：不是。

采访者：您没来南苑街道工作之前，听说过这里有滚灯吗？

张长发：没有听说过，完完全全就是 2006 年从事文体这项工作后，才了解到我们南苑街道有这么个滚灯，还有滚灯传承人汪妙林。

采访者：你第一次接触汪妙林是什么时候？

张长发：第一次接触他，应该是在我们走访了解传承人的时候。在这次走访当中，我知道在我们街道西安社区有这么个耍滚灯的人。

采访者：这是哪一年？

张长发：应该是 2006 年。

采访者：那次与汪妙林接触的过程，还记得起来吗？

张长发：我那次去走访，主要还是想深入地了解一下我们余杭滚灯传承人汪妙林，他是怎么耍滚灯的。因为当时我对滚灯没概念。虽然在这之前，我看了一些有关滚灯的资料，但究竟怎么样耍滚灯，我还不是很有概念。我们街道还有一个老的文化站长，叫王宝林，那次是他和我一起到汪妙林家里去的。

当时我比较迫切地想了解滚灯究竟是怎么个情况，所以到了汪妙林家里之后，我就想很仔细地看看滚灯。但是当我第一次在汪妙林家见到这么大的滚灯时，觉得很奇怪。因为原来我看到小滚灯比较多，是舞台上表演的那种小滚灯，或者中型滚灯，但汪妙林用的那是直径 1.5 米以上的大滚灯，这是不多的。所以我一看，这滚灯这么大，基本上都有我半个人那么高了，我想这个耍起来不就很难了吗？这个时候，我就想，滚灯这个东西还是很有意思的。

采访者：第一次见到汪妙林，他给您的印象是什么？

张长发：印象最深的是，我觉得他就是耍滚灯的一个比较有代表性的人物。他人高马大，能耍直径 1.5 米以上的大滚灯，你说很小的个子怎么能相配呢，对不对？所以我说汪妙林一看确实就是耍滚灯的。当时我就想，我们的老站长王宝林当年在翁梅发掘滚灯、组织活动时，他也真正找对了，找到了汪妙林这一家。原先说起来这里耍滚灯的人也很多，但王宝林他找到汪妙林这么个人，真的是最合适的。你看他（汪妙林）整个人的模型（身形），我觉得就比较切合甩滚灯的要求。

采访者：是不是从这一次见面以后，您就开始注意研究汪妙林，注意关注和研究翁梅滚灯了？

张长发：应该是这样的。在我们这里有这么一个技艺、一个非物质文化遗产，而且在 2006 年滚灯已经列入首批国家级非物质文化遗产代表性项目名录，作为一个文化工作者，我觉得这个东西在我的手上，在我们街道、政府层面就应该要保护传承它。从那以后，我对汪妙林就很关注，包括他的一些生活起居，或者一些活动的事情。我们都会经常去关注，也会经常去了解。最近他有没有参加我们区里的活动？或者我们民间有什么活动，汪妙林有没有去参与？经常会与他交流。

采访者：那么根据您对他的观察、对他的研究，你感觉汪妙林耍滚灯的主要特点是什么？

张长发：他的特点，我不一定说得准确，但是我总觉得他对滚灯有一种很深的情怀。因为现在不像以前了，大家生活条件好了，玩的地方也多了，他还有事没事去耍滚灯，还是那么坚持做传承工作，是吧？这是他的情怀。这是一个。第二个，他也觉得滚灯确实在我们国家，是一项宝贵的非物质文化遗产。甩滚灯的技艺，他觉得应该要这么传承下去，所以他年纪这么大了，还在继续在耍，在传。平时不光他自己耍，他的儿子、女儿也在耍。他的女儿也在耍（直径）1.5 米的大滚灯。当时我觉得不可思议，因为在我印象当中，女孩子耍小滚灯，舞舞就很好了。他女儿不仅耍大滚灯，而且整套动作还很流畅。所以我觉得传承人汪妙林，是真正的传承人。我们去年在进行滚灯训练排练的时候，他的孙子，在读书的，双休日也过来，也耍一套给我看。汪妙林真的把滚灯传下去了。汪妙林就是这么个人。

采访者：您说的很对，只有有了情怀，才能持之以恒，才能做好传承工作。

张长发：是的，汪妙林他本身对滚灯有这么深的情感，同时他觉得滚灯是从祖辈一直传下来的，自己也要承担传承下去的义务。我明显感觉到，他对滚灯是十分热爱。他在传承滚灯当中，开始的时候也是比较简单的动作，后来他也练了"蜘蛛吐丝""白鹤生蛋"这些难度较大的动作。

采访者：他掌握这些高难度动作以后，对滚灯的发展推进和演变传承有些什么作用？

张长发：我觉得作用是很大的。因为滚灯要传承下去，它必须要有吸引人眼球的地方。如果说你单纯地就要耍，给人家第一次看到是比较震撼，好像很大，但是没有花样。那么，我们人是有喜好的，滚灯表演就是说要有创新，又有花样，让人有新鲜感。所以说在传承滚灯技艺的时候，我们这个滚灯大，第一次给人震撼之后，如果后续没有一些可看点、亮点，那么人家逐步会对它失去信心。汪妙林表演一些观赏性强的高难性动作，就会使人家感觉到这滚灯很有魅力。尤其我们现在推广的是大的滚灯的表演，给人家以力量的展示，舞台上表演的滚灯，是以舞美来展示，所以他能结合舞美，吸引众多的眼球，而且可以吸引一些爱好的人员参与进来。目前在汪妙林的带领下，我们西安社区就成立了西安大滚灯队，有二十多个队员，跟他在练习表演。我们有一些乡村的踩街、镇街举行的一些活动，他都会带着队伍去进行表演。而其他的，我们这里还有小滚灯、中滚灯结合的舞台表演。在我们南苑街道，有一个南苑滚灯艺术团，每年都在全区一些活动、赛事上展示展演，同时还参加全国以及国际性的一些活动。现在的滚灯不仅在区内、在全国的一些地方进行展示展演，还到国际上去展演。余杭的滚灯艺术团，经常随政府到国外去随访，展示展演，都受到了国内外观众的赞誉。我们从一些图片、视频的反馈知道，国外的朋友看到滚灯都觉得很新奇，赞誉有加。

采访者：余杭滚灯，开始是叫翁梅滚灯，到 1997 年的时候，才定位为"余杭滚灯"。那么一路走过来，走出了国门，走向了世界。这里当然有政府的重视、扶持，但其中很重要的一块，就是传承人的努力。在培养弟子传人这方面，他发挥了很重要的作用。那么汪妙林在传承、传教弟子这一方面，你觉得他做了哪些方面的工作？

张长发：应该说他还是做得比较好的。首先，自己家族方面的传承，他教会了儿子、女儿和孙子耍滚灯。他已经把家族传承的任务完成了。

其次，他对我们社会上的一些滚灯爱好者的传教。在社区专门成立西安社区滚灯队，是大滚灯队。他经常去传教滚灯，而且每年都会有耍滚灯的表演。比如在我们南苑街道每年一度的元帅庙会的踩街，西安滚灯队和他都会参加，表演滚灯给老百姓看，人家都很赞赏。

最后，他还走出去传教滚灯。去年，在我们辖区里的一个部队，部队的"小年轻"组建了一个特色的文化队伍，请汪妙林去传教滚灯。那么他就去教我们部队的小战士甩滚灯，在部队培养滚灯的传承人。我们的小战士，都是全国各地的服役军人，他们学好滚灯，意味着滚灯传到全国各地去了，而且这些队员都还比较年轻。我们街道和区里举行一些大型活动，有些时候也邀请部队滚灯队参加展演，大家看过都觉得很好。而且部队很认可要滚灯的一些内容，他们觉得滚灯不仅是给人家看，还可以锻炼战士的身体。所以说，从三个方面看，他在传承滚灯方面，我觉得是做得不错的。

采访者：除了这些以外，汪妙林在传承滚灯方面还做了哪些事情？

张长发：在我们街道和社区开展了一些滚灯展示展演，或者我们街道要举办滚灯培训的时候，我们只要跟他一说，或者跟他联系，他都会义无反顾地到现场进行指导。

另外，他对我们周边的一些学校的学生，开展滚灯训练指导。我们隔壁的下沙大学城的一些大学、西安社区旁边的临平一中，都在他的指导下组建了滚灯队伍。而且你可以看到学校组建的滚灯队伍开展一些活动的图片，这可以 100% 证明，他在做滚灯普及传承这项工作。

驻临平山部队战士滚灯队表演舞滚灯

采访者：他通过多种渠道，在许多层面传承滚灯，有部队军营的，有学校的，还有社区的。那我想问，他对西安社区的滚灯队的发展，主要起的作用是什么？

张长发：他的作用我觉得是两个方面，一个是培养百姓的兴趣，你首先要有对这个滚灯的兴趣，对不对？通过滚灯队的表演，培养了周围群众对滚灯的兴趣，一些人愿意参加滚灯队。第二个，实实在在地把自己的一些舞滚灯技艺技巧，传给滚灯队的队员，让他们真正掌握技能，能真正把这滚灯舞出威风、舞出技巧、舞出花色，让人感觉到这滚灯确实是值得看、值得学的一门技艺。

采访者：西安滚灯队现在有二十个人吧，其中能够表演"白鹤生蛋"动作的有几人？

张长发：应该说都能做。可能在动作、技巧上面会有差异。但我觉得，你只要叫他做，都能做出来，这个应该是可以的。

采访者：这是汪妙林传承的成果。那么这二十个人当中，能够表演"蜘蛛吐丝"这个高难度动作的有几人？

张长发：能做"蜘蛛吐丝"的目前还不多，这可能是个时间问题，因为西安滚灯队重新调整组建的时间还不长，如果再有一年两年，也许有更多的人能做。"蜘蛛吐丝"这个动作，要靠表演者用牙齿咬住

汪妙林的西安滚灯队在街头表演

系在滚灯上的绳子，然后让滚灯在身前快速旋转，分量很重的，力气好的可以要个一分多钟，或者两分钟，有的也就转了一两圈。要大滚灯对体力、技巧的要求高，要比小滚灯难得多。

采访者： 那滚灯旋转起来后，大概有多少分量？

张长发： 这大滚本灯本身重量就有五六十斤吧，转动起来，又有一个向外推的力量，所以这分量会有百把斤重吧。这分量全部吃力在牙齿上，所以弄得不好，牙齿都会被崩飞掉的。因此，滚灯表演队伍必须年轻化，年纪大的，包括现在汪妙林他自己也不行。因为牙齿咬得不好的话，一口牙都给崩掉了，这肯定不行，所以要年轻化。就像现在做这个动作最好的，就是汪妙林他的儿子，年纪轻，又有力气。那么作为传承人，他就做好传承教学这块工作，每次出去表演，就都是让主力队员上场。

采访者： 就余杭滚灯而言，发源地在你们南苑街道这一带。那么滚灯在你们这个地方是怎么起源的，怎么会有滚灯产生的？

张长发： 关于这个滚灯起源的说法，是我到了南苑街道工作后，通过查阅一些历史资料，也通过访问我们的传承人和当地老百姓那里了解来的。从历史记载来看，滚灯在南苑这里传承了八百多年。滚灯的起源，根据传说，主要还是为了防盗寇而发展起来的。原来我们翁梅这一带，靠近钱塘江边，百姓主要是以晒盐为业，收入也还不错，当时有海盗经常会来骚扰这里的居民，抢夺财产。那么怎样能够抵御盗寇呢？当时我们当地的人，就是制作了滚灯。滚灯当时其实就是一个圆球，比较简单。为了震慑盗寇，在滚灯的中间有个小球，小球当中装上一支小的蜡烛，那么在夜间的时候舞起来，它有灯光。一般盗寇来，基本上都是以晚上为主。村村户户形成了一个要滚灯的一个链，海盗老远看到钱塘江沿岸有灯火，尤其是灯舞起来之后，知道有人防备，盗贼就不敢来侵犯骚扰村民。

还有，就是我们舞滚灯也能满足当地老百姓的精神需求。在舞滚灯的时候，展示很多的技巧。在我们传承当中，老百姓对滚灯有个念念不忘的情怀。所以说，滚灯的产生和发展，开始主要是人们有生产生活的需要，后续是我们老百姓的精神需要，才能不断地传承下来。

采访者： 那么，翁梅这里的滚灯，开始的时候就是用竹子编的？

张长发：据我了解，滚灯从开始就是用毛竹片编的。我们现在做的滚灯，还是用毛竹片编的。但是现在的滚灯，跟原来的滚灯有些不一样。现在的滚灯的竹片要比原来做得薄，以前做滚灯的竹片很厚很宽，分量就重，所以它主要是用来锻炼体能的。现在考虑到耍滚灯比较消耗体能，竹片要略微薄一点，分量也轻一点。第二个，现在做滚灯的毛竹，砍伐后，放的时间比较长，水分蒸发之后，分量自然而然会轻下来。当时的滚灯，要比武，或展示的，都是用新鲜竹子做的，大的滚灯做出来之后，内外再夹几层竹片，体现出来的力量感就更强烈了。

采访者：据你了解，用竹子编这么一个滚灯，需要经过哪几道工艺流程？

张长发：应该有六道工艺流程。首先，要选材料，找竹子，不是随便的竹子就可以找来编滚灯的。必须找老的竹子，当年的竹子是绝对不能用的，起码是两年以上乃至三年四年的老竹子，最好是八年以上的毛竹。因为年数过少的竹子，滚灯做出来，承压能力不够，而且老毛竹防虫防蛀，所以选材最好是八年以上的毛竹。第二道工序是锯竹子。毛竹选好之后，砍伐回来，要取竹子的中间那几段做滚灯。选好之后，把它锯下来。第三道工序就是要劈竹子。劈竹，就是我们把锯下的一段竹子劈开，劈成竹片。一段竹子可以劈几块竹料，这是有技巧的。第四道工序，对竹片进行加工。竹片的厚度、宽度、圆润度，都要弄好，便于后面的编扎。第五道工序就是编扎，这是最关键的工序了。滚灯要编扎得圆，就要有一定的技巧。滚灯编扎有一个环节，就是整个大滚灯的外围编到一定程度的时候，要做芯，大滚灯里面的这个芯子，就是个小滚灯。把小滚灯编好之后，再放进大滚灯里面，然后完完全全把整个滚灯做好。第六道工序，就是滚灯做好之后，再对某些地方进行加固，确保整个灯在耍的时候不会散掉。把滚灯竹片磨光滑，如果不光滑，有竹刺，耍灯的时候很容易刺到手，所以要进行细磨。那么这样一只滚灯基本上完成了。

采访者：您刚才讲到大滚灯里面有个小滚灯，这个小滚灯是做什么用的？

张长发：过去它是区分红心灯和黑心灯的小球，用红布包的是红心灯，用黑布包的是黑心灯。现在小滚灯它有两个功能，一个是美观，第二个它可以放置一个灯源。以前是用蜡烛，现在用小电珠，在夜间耍的时候有亮光，可以更加美观。在耍的时候，体现花色，观赏性更好。

采访者：现在编滚灯是不是有大中小之分？大的多大？

张长发：现在编的滚灯主要还是大滚灯，中的、小的也有。大的话也有几种，（直径）有 1 米、1.5 米的、1.6 米的。

采访者：您指的 1.6 米，是什么？

张长发：1.6 米、1.5 米，是指滚灯的直径。据我了解，最大的滚灯能做到直径 1.8 米，比我人都还高。

采访者：您看到过直径 1.8 米的滚灯？

张长发：我没看到过，但是我做过最大的一只滚灯，直径一米六几，那已经很高了。

采访者：您自己做过滚灯？

张长发：我没做过，我是要求做滚灯的莫德兴师傅做一个（直径）1.65 米的滚灯，放到我们街道的滚灯陈列馆里。结果这滚灯连陈列馆的门也进不去，后来把它缩小到 1.5 米。我还有一个中滚灯，直径 80 厘米。那么小滚灯的话，就比较小了，一般直径 15 厘米、20 厘米，用来在舞台上表演舞蹈。

采访者：您刚才说到大滚灯中间有个小球，小球里面可以装蜡烛，夜间舞动起来就有灯光闪烁。那么夜间舞动的时候，蜡烛点在里面，为什么不会熄灭啊？

张长发：因为这个小球外面有一块红布头包了的，包了之后，风不容易吹进去，这是一个原因。第二个原因，在里面把蜡烛固定住，所以滚灯舞动的时候，这蜡烛不会熄灭。

采访者：包红布头有讲究吗？

张长发：有讲究。按照传统的讲法，这滚灯中间的小球用红布头包的，作为叫文灯，黑布头包的属于武灯。武灯跟文灯有区别。文灯灯芯是红色，更喜庆，重量相对要轻。武灯的重量要重，还要厚实。

采访者：红心灯与黑心灯在比赛和表演的时候有什么不一样吗？

张长发：表演的时候，在动作上面没什么大区别，主要体现的是重量（不同）。武灯，我前面讲了，做滚灯的竹片比较厚实点，或者说分量比文灯重，文灯主要用于喜庆场合，比如节日热闹的时候，红心灯显得喜庆。你如果没有一定的体力，肯定是甩不动武灯的，所以武灯在过去是比试力气的。武灯基本上是比赛用的，它更直接体现力的味道。

采访者：您说这武灯大多是用于比赛，那是怎么个比法？

张长发：就用黑心灯比力气大小，一个比舞灯的时间长短，还有一个是比舞的动作、舞的花色。

采访者：我听说这滚灯上可以加铁链、铁锤，增加滚灯的重量，进行比试。

张长发：我也听说新中国成立前，是有在黑心滚灯上加铁链、铁锤的，比谁的力气大。那后来就没有了。现在是内灯跟外灯固定的时候，有可能会有一根小铁丝。如果要对滚灯加重，我们可以用厚实的铁链固定在灯芯当中，那么重量就增加了。

采访者：那么，据你了解，滚灯起源的时候，是不是就分了文灯和武灯？为什么要这样分？

张长发：对于这个事情，我也不是很确定，也是听来的。听说当时只有一个灯，在舞灯当中，每个人的体能有差异。我体质较差，滚灯这么大，就舞不起来。后来，他们考虑到舞灯的方便性，就形成了武灯、文灯。体能好的，用大灯，用黑心灯去舞；体能差一点的，用文灯来舞。这是一个。还有一个就是我们精神上的需求。说实在的，我们搞红心灯舞的时候，看起来肯定很喜庆，黑心灯看起来感觉就比较沉重，只是给人家一种很威武的味道。所以这两个灯的区分，主要是根据实际舞灯时候的需要。

采访者：现在我们滚灯队出去表演的时候，有没有一定的程式和程序？比方说开场怎么样，谁先出去，还是一下子全部都出去？这个有没有讲究？

张长发：这个应该没有严格的讲究，没有固定的程式，主要根据实地表演的需要。如果在舞台上表演，那就按舞台演出节目的排序，按照排序先后进行；如果在乡村进行踩街表演，那么到了一个点，在比较宽阔的地方，大家集体进行表演。所以说，它是根据实际的情况，包括舞台、场地的大小，来确定表演的先后以及人数的组合。

采访者：滚灯表演相传有九套二十七个动作，我们的滚灯队这九套二十七个动作能不能都做到？

张长发：现在我们的滚灯展示馆里，这二十七个动作都上墙了，每个动作都有展示。在实际表演展示的时候，如果你对此没有仔细研究，可能看不出来。现在我们以图片的形式，让动作定格展示，这二十七个动作就可以让你清楚地看到。

采访者：那这二十七个动作，哪几个您能够说得出来？

张长发："蜘蛛吐丝""白鹤生蛋"等，我都知道，但二十七个动作要报齐，手头没有资料，可能一下子报不出来。

采访者：这二十七个动作里面，您觉得哪几个动作特色比较明显，特点比较强的？

张长发：特色比较强的，老百姓比较震撼的，还是"蜘蛛吐丝"这个动作。尤其是在我们大滚灯表演的时候，嘴上叼着一根线，再用、转五六十斤重的一个滚灯，场面很震撼的。这个动作每次在舞台上表演或踩街，很受老百姓欢迎。其实在滚灯其他一些常规的动作上面，也能体现出它的特色来，因为大滚灯的重量，就给人家有一种震撼力。而且在表演中一个动作接一个动作持续进行，不断穿插，这力量之美也是能体现出来的。一般的人，他是看不出来这里面的技巧。

采访者：我注意到，这二十七个滚灯动作的名称当中，有很多的典故，如"纯阳拔剑""苏秦背剑""王祥卧冰"等，这些名称倒很有一些文化内涵在里面，滚灯这些动作怎么会和这些典故结合在一起？你研究过吗？

张长发：在滚灯刚产生的时候，滚灯动作还没这么全，我想也没有这些动作名称，随着大家对滚灯的研究，包括我们老百姓对滚灯发展的需求，才逐步形成了二十七个动作的名称。那么这二十七个动作名称怎么来的呢？我们的传承人，或一些对滚灯了解或有研究的学者，对这些动作给予了形象化的表述，便慢慢取了名称，其中使用了一些人们熟悉的典故，既便于记忆，也加深了这些动作的文化内涵。应该说，这些名称不是原生态就有的，而是后人创作出来的。久而久之，二十七个动作的名称就固定下来了。

采访者：滚灯表演过去一般是参加庙会，现在更多的是参加平时的一些文化活动。那么它在表演当中，有没有一些特殊的规矩，或者有些禁忌？

张长发：滚灯表演原本属于民间艺术，不太讲究规矩和禁忌。如我们在舞台上表演，主要根据活动的策划需求，安排你第几个上场，就按照顺序进行表演。如果是在民间的展示展演，常规来说，我们的滚灯是打头阵的，一般都是在第一支队伍，或者第二支队伍，都是比较靠前的，不会在队伍尾巴。

采访者：这是为什么？

张长发：这是我们农村的习俗，庙会出巡，必须鸣锣开道的。因为参加巡游的人很多，观看的人也很多，乡道两边都是人，有些人还挤在道路中间。以前不像现在有警力维护秩序，或者进行隔离，都是敞开的，只要在表演，人随时都可以来看。那么我们滚灯打头阵，在耍的时候，就形成一个开路先锋的作用。滚灯这样一路耍过去，观看的人就自然而然往道路两边靠了，自然而然就形成一条可以表演的村道了。这是一个。第二个就是在表演当中，也能体现出我们滚灯的重要性。它在头阵，是先锋的位置。

采访者：滚灯表演，过去都是男子，那么是什么时候开始有女子表演的？

张长发：在我们南苑街道，是西安滚灯队成立之后，传承人汪妙林的女儿首先加入了滚灯队。他女儿能耍滚灯了之后，他女儿的好友，或者体能上比较可以的小姐妹，也一起来了，那么这样子有部分女同志逐步参与舞滚灯了。

采访者：过去舞滚灯为什么女子少呢？

张长发：因为原来老的滚灯大呀，说实在的，女的体力上跟不上。以前的生活条件，跟现在条件不一样，以前的大家闺秀也不能够出来抛头露面的。那么一般要滚灯，肯定是男同志。再说传承，最早滚灯起源时，它是一个增强体力的活动，都是传给男人的，女人不会去做这个事情。

采访者： 您观察到的现在的女子表演滚灯，跟男子表演滚灯是一样的吗？有什么区别吗？

张长发： 这要从两个方面来看。在大滚灯方面，女子一般不容易上手的，她只能做几个简单的动作，跟男子表演滚灯是有差别的。那么还有一个方面，舞台滚灯主要以女子为主，她们用小滚灯，舞起来能展示体形美、动作美，那就比男子滚灯好看。有的时候，我们把男子大滚灯和女子小滚灯结合在一起，主要以展示力量体魄为主，女子耍小滚灯是大滚灯的配角，不是主角。而在舞台上表演滚灯的时候，女子小滚灯是主角，男子大滚灯反而是配角，两者结合，会组成一个"大花蕾"，大滚灯在中间，外围的小滚灯作为花瓣，衬托一个舞台效果。因此，女子滚灯表演，从体型和舞蹈阵势上，跟男子表演相比更有自己的特色。

采访者： 您说的特色，主要是什么特色？

张长发： 我觉得要看我们的需求。如果在舞台上，我们要体现舞美的效果；如果在乡镇的踩街，我们要给人家大气磅礴的味道。那么在舞台上，很大的滚灯耍的时候，不能够形成一个大的舞台的背景效果，现在有大小滚灯结合，就可以形成一个很漂亮的舞台造型。同时在耍的时候，做一些动作穿插，也能体现出一个舞美的效果。所以说，要根据我们场景的需要，来进行调和。

采访者： 现在除了女子参与滚灯表演以外，还有一些学生参与，滚灯传承到了学校。那么学生在学滚灯或者表演滚灯方面，他们主要学习什么动作，有些什么特色？

张长发： 学校也有两个方面，一个以幼儿园的小孩子为代表，他用的是很小的滚灯，主要是让小朋友了解滚灯，知道这是滚灯。幼儿园小朋友耍滚灯，滚灯是圆的，既可以拿在手上耍，又可以作为一个活动的道具，可以滚。在幼儿园，小朋友掌握一些简单的动作，能起到技艺传承作用。那么初中、高中学生，他有了一定力量，就可以用大的滚灯。我们目前所推出的一些滚灯的技艺、耍法，都可以进行传承。同时学校学生的传承，也是作为一个特色课程来推广，来传承我们这个非物质文化遗产余杭滚灯。

采访者：余杭滚灯在小朋友、学生当中广泛开展传承活动以后，你觉得对余杭滚灯的传承发展会起到什么作用？

张长发：这个作用很大。在我们中国，有许多的知识都是从小传承起来的。你要培养他的兴趣，先要从小的时候让他接触，对吧？接触、了解和参与，才能再传承。如果没有前期的了解和参与，后续传承就会是比较强迫性的，或者要有意识地去做。从小学生就开始进行培养，让他们接触滚灯，那么对滚灯的发展和传承，应该说就有了源

女子滚灯表演

源不断的滚灯传承脉络。这肯定是必不可少的一个环节，也是能够在普及滚灯方面，达到一个很好的效果。

采访者：除了在这些学校传承以外，余杭滚灯还传到了中泰武术学校，在武校学生当中进行传承。那么学武术的学生有一定的武术功底，他们对滚灯的发展和表演技巧的提高，会不会起到一些作用？

张长发：那是肯定的。我们滚灯传承发展，还要进行开发拓展。现在滚灯就二十七个动作，对不对？随着我们人民对滚灯的需求变化，或者研究深入，就要对滚灯表演的一些动作进行创新，它的动作会更多。学武术的学生在进行武术表演的时候，与滚灯动作相结合，可看性会更好，能进一步传承滚灯。所以说这也是很好的一个载体。

采访者：您看过中泰武校的滚灯表演吗？

张长发：看过。

采访者：您看他们的表演，跟我们滚灯队的表演，有什么不一样的地方，或者他们有什么特色？

张长发：目前我看到的中泰武术学校的滚灯表演，跟我们不一样，他们没有以传统的二十七个动作来进行展示展演。他们主要以一些武术的动作进行套路性表演。尤其像中泰武校那些年龄比较小的学生，在表演的时候，拿的是小滚灯，腾空，拳打，不是按照传统的滚灯在耍，或者滚。他们就把滚灯当作武术者手上的一个道具。他们这种模式，跟我们整个武术表演又不一样，就是武术与滚灯的有机结合，这样形成一个整体的舞台效果。

采访者：您觉得这种风格，跟我们传统的风格，这两者是可以同时存在呢，还是应该以哪一种为主？

张长发：我觉得这两种形式同时存在也是可以的。一种艺术，除了原生态的传承以外，还要创新。滚灯到了武校，我们不能只看到一个滚灯动作的问题，还要看到滚灯的作用延续了。我们传承传统的滚灯，就是体现一种力量之美，在我们武校当中舞滚灯，就是力量的象征。所以说这两个结合在一起，我觉得是保护、传承滚灯的一个很好的载体。

采访者: 滚灯的表演,过去在服饰上有些什么要求?表演者衣服穿什么,脚上穿什么,有什么讲究?

张长发: 这个还是根据我们舞滚灯的需要来定,基本还是传统的一些服饰,要比较透气的,不容易打结的,这种服装便于滚灯表演。这是一个。第二个就是服装的颜色,一般取红色或黄色,红色看起来比较喜庆。还有下身的裤子,一般比较宽松,在舞滚灯的时候,方便施展,比较紧身的衣服不行。

采访者: 表演者的头上有没有戴什么东西?

张长发: 头上一般会扎一根红布条,看上去更喜庆,主要是起了个烘托气氛的作用。另外,也给人家一个视觉的效果。

采访者: 这些服饰打扮,主要属于男子滚灯表演,那么后来女子滚灯发展以后,在服饰上是不是有了一些变化?

张长发: 我们滚灯表演主要是两个方面,一个就是乡村的民间艺术踩街,男女服饰基本上是一样的,至少是颜色都一样,无非女子的衣服上会装饰一些胸花,男子的衣服上装饰的一般是龙、虎或者比较威猛的动物,能体现阳刚之气。第二个就是舞台表演的,需要切合舞台效果。那么根据现在人们的视觉、眼光和审美观,制作一些服装,跟原来的服装是不一样的。服装主要考虑还是颜色上的搭配,而现在的服饰,随着科技的进步,花式、材质就更多了。

采访者: 这些服饰会让女子舞滚灯体现江南水乡的特色。

张长发: 是的,有这个元素。前面我还少讲了一点,就是服饰材料也有关系。原来是麻料,是比较粗的布,颜色方面可能比较淡,而现在的服饰,材料材质可选择的很多,有绸缎的,也有棉质的,也有一些涤纶的,吸水性好的,或者不吸水的,所以说完全不一样。

采访者: 现在你们西安滚灯队出去表演,男子女子服饰基本都是统一的?

张长发: 是的。一般一支队伍出去,服装是基本统一的。如果是舞台式的表演,服饰会有两种颜色,因为主要考虑舞美的效果。那么怎么让效果体现出来?一般都是舞大滚灯的服装颜色,跟舞小滚灯的服装颜色不一样。

采访者：舞大滚灯的演员服装是什么颜色？舞小滚灯的又是怎样的颜色？

张长发：一般我们舞大滚灯的队员如果用大红的，那么舞小滚灯的队员服装会是黄颜色的。这样在造型的时候可以组成一个花式搭配。比如总体类似一朵玫瑰或红花，大滚灯在中间做花蕊，小滚灯做外围的花瓣。或者外围用类似的服装，衬托起来，那么造型会很漂亮。

滚灯群舞

采访者：滚灯表演的时候，是用什么乐器伴奏的？

张长发：滚灯表演时的伴奏，过去与现在是有变化的。原始的滚灯表演，主要是鼓"咚咚咚咚"地敲，或者是敲锣，根据滚灯表演的节奏，锣鼓敲打有快有慢。现在随着社会发展和人们审美需求的变化，滚灯表演有的采用音乐伴奏了，我们可以提前就录制一些适合滚灯表演的音乐。还根据我们滚灯表演的一些动作和程序，创作一些好的曲目，使滚灯表演更加有激情，在视听方面更有冲击力。

采访者：我知道传统的滚灯表演，伴奏基本上以打击乐器为主。那么这个锣鼓点、锣鼓节奏，在表演当中有变化吗？

张长发：这个有。这与乐队人员的数量有关系。如果常规的踩街，在比较狭窄的道路上表演滚灯，那就只有一两个乐器在伴奏，主要是锣在敲，有声音而且洪亮就可以了。如果到了一些比较宽广的场地表演滚灯，器乐的伴奏、锣鼓的敲打就会有一些花色。比如鼓槌棒可能会在鼓上有上下左右、前后重轻地敲打，同时在鼓棒上可能会绑上一些绸带，再加上人身段的摇摆，形成跟滚灯表演融为一体的伴奏效果。

还有，滚灯表演一般动作的时候，锣鼓点是慢板式的，当表演难度大的动作或者达到高潮的时候，锣鼓点会不断加快，《急急风》似的，用快节奏来渲染气氛。

采访者：您刚才讲了，现代的一些舞蹈形式的滚灯表演出现以后，有一些现代的乐曲来进行伴奏，产生一些滚灯表演音乐。那么，现在我们南苑西安滚灯队，伴奏的乐队还有吗？

张长发：有。

采访者：这是支什么样的乐队？

张长发：这支乐队是在传承人带领下，西安大滚灯队和钱塘元帅庙会的滚灯队共同的一个乐队。乐队以传统乐器为主，还是比较简单的，主要以锣和鼓为主，还有钹，这两三种乐器伴奏。

采访者：我们西安滚灯队主要还是用打击乐器来进行伴奏。

张长发：对的，打击乐器为主，这主要也是契合实际的需求。因为在踩街当中，不可能拿着一个好的音响设备捧着在走，锣鼓便于在乡村行走时演奏，比较灵活。目前我们街道是有两支伴奏队伍，根据滚灯表演的需要，来进行选择。一般以打击乐器为主，主要是烘托气氛，配合一些表演的节奏，起到衬托气氛、营造热烈氛围的作用。

采访者： 现在我们回过头来说，翁梅滚灯有八百多年的历史，那么您觉得翁梅滚灯为什么会在这里延续发展？

张长发： 这个应该归因于我们滚灯的驱动力，也归因于老百姓对它的喜爱度。原来我们翁梅这一带，喜欢耍滚灯的人很多，这就为传承发展打下了基础。这是一个原因。第二个原因，原来我们老百姓真正的娱乐需求也很少，没有其他的可以玩玩的东西，那舞滚灯就成了运动和娱乐的主要内容，这也是一个原因。第三个原因，我们原来滚灯的作用，说起来是抗击盗寇，展示村坊武力的，所以家家户户只要家里有体能比较好的小年轻，都要去耍耍滚灯。所以原来耍滚灯的普及率是比较高的，直到现在，耍滚灯还是比较有群众基础的。

采访者： 那您觉得滚灯在这里能够延续这么多年，而且能够生存下来，它内在的动力是什么？

张长发： 我觉得，现在来讲，还是传承的问题。我们这里的人，对老底子的滚灯，在内心深处都有把它传下去的想法。为什么？从汪妙林这位传承人身上，你就可以看到，他的儿子、女儿、孙子都在耍滚灯。尽管现在生活条件好了，滚灯那么重，现在小孩也很娇气，但汪妙林孙子还是在学习耍滚灯，喜欢耍滚灯，我觉得这是有一种要把老底子的传统文化传承下去的内心动力。他对滚灯有一种喜爱，有一种情怀。

采访者： 您刚才说这里的老百姓对滚灯有一种情怀，那他们对滚灯寄托的是什么情怀？

张长发： 一个是原来我们传统的老东西，我们应该要传承，包括我们国家也在倡导这个。还有一个，现在我们在不断推出滚灯的一些作品，老百姓看到之后，会让人家感觉到，这个东西很有魅力，这东西我也想去耍耍，去实践一下，或者去体验一下。它也激发老百姓想学、想看、想了解的动力。在传承过程当中，这个动力应该是起到很大作用。

还有一个，近年来我们政府对滚灯保护传承，从各方面都做了很多的工作，老百姓经常会看到一些滚灯展示展演。这些展示展演的类型多种多样，既能吸引人们的眼球，也会让许多有兴趣的人去了解、学习滚灯。这样，我们滚灯的普及率会逐步提升。

采访者：那是不是滚灯象征着一种团结，象征着一种力量，象征着一种滚滚向前，象征一种吉祥如意？所以老百姓能够更加热爱和传承，让滚灯在这里生存下来？

张长发：这个也应该有。我们日常生活当中，耍的都是文灯，都是以喜庆为主的。那么大家看到滚灯是圆形的，是团圆、幸福的象征，是不是？在舞的时候，我们滚灯表演的一些造型类似漂亮的花瓣，能体现出一种团结、友善、和谐、幸福的象征，所以这个方面，我觉得还是很有说服力的。

现在人们健身的需求强烈，舞滚灯也成为健身的一种重要方式，是吧？所以越来越多的人，就会喜爱余杭滚灯，这也是在传承。

采访者：省内外其他地方也有滚灯，像海盐有滚灯，上海的奉贤有滚灯，我们余杭的话，仓前、闲林这一带也有滚灯。那么我们余杭滚灯，您觉得跟其他地方的有什么区别？或者余杭滚灯有哪些特色特长？

张长发：这个应该说，我们余杭滚灯的特色还是有的。首先，我们的滚灯保持原汁原味，原来什么样子，我们现在还是什么样子。其次，我们滚灯的动作以传统九套二十七个动作为基础，同时不断融入一些新的动作、新的难度、新的技巧，不断创新。目前，有些技巧技能，还没有以文字形式表现出来，但是已经运用在我们的表演展示上了。比如我们在耍滚灯的时候，我们的传承人在"霸王举鼎"动作上增加了一些难度，一层一层叠上去，就像是叠罗汉——滚灯罗汉。那就是有好几个滚灯叠起来，再加上外围的一些滚灯展示，这个东西就跟人家又不一样。

还有，在耍"金猴戏桃"这个动作的时候，原来是站着耍滚灯，（现在）变成蹲着耍滚灯，表演者要蹲上蹲下，一个人这样耍直径一米五的滚灯，我觉得是很难的。我们滚灯队参加长江三角洲滚灯展演，我也看过其他的滚灯表演，这个动作就我们有，其他地方没有。后来我们了解到，因为滚灯大了之后，表演难度变高，所以对他们来说，耍起来实在还是不行。但是我们这批老的传承人，能展示出来。

所以说，我们余杭的滚灯，特色在于不断地创新、不断地发展，能够把一些好的动作做出来，既传承了原有的味道，又有新的内容，不断充实，是这样的传承。

采访者：现在这里的滚灯，主要在哪一些场合进行表演？

张长发：目前我们南苑滚灯表演主要是三个方面，一个是参加我们这里每年举行的传统庙会，在庙会巡游中进行展示展演。庙会中的滚灯展示是在乡村村道上，走村串街进行表演。第二个就是参加我们街道的一些赛事和大型文化活动，这些大多在舞台上进行展示展演，给老百姓进行演出。第三个就是我们的一些教学方面的展示，到一些学校、一些社区，进行滚灯教学的时候，对一些特定的人群进行展示展演。

采访者：现在应该说滚灯的传承发展势头还不错，但是面临城市化、现代化进程的快速推进，如何进一步做好传统文化的弘扬传承工作，您觉得还应该采取哪些措施？

张长发：这个我认为应该分两块，一块就是我们继续做好传承人的工作。传承人工作也可以分好几块，一个是代表性传承人他本身的传承工作；第二个是加强我们滚灯队建设，把这支队伍扩大；第三个是吸收我们外围的一些老百姓进行传承。还有一个是现在我们政府正在探索的，让非遗进校园、进社区、进舞台，这些倡导的传承，这是一大块工作。

第二块工作就是我们政府的扶持和鼓励，以及宣传包装，这块工作就是我们政府的职责，需要对滚灯传承增加一些投入，对传承人的传承工作多给予扶持，对传承人生活方面多一些关心关爱。同时还要给滚灯传承发展多提供一些平台，像我们现在有赛事活动，都会让滚灯参加展示展演。这些平台就确保我们的滚灯能够年年都有展示展演的机会，推动我们的滚灯不断发展和传承。

采访者：那您对你们街道西安滚灯队的发展前景是怎么看的？

张长发：应该说这支队伍是能够逐步扩大的。什么意思呢？就是说我们传承人汪妙林逐步把自己的一些技艺传承到他的徒弟身上，再由他的徒弟吸收一些爱好者，或者对滚灯有向往、想学的这些人，再逐步增加新人，所以这支队伍只会扩充而不会减少。我们就是采用这么个模式。

采访者：您说西安滚灯队这支队伍会越来越扩大？

张长发：我认为可以，越来越扩大。因为目前队伍已经有二十几个人，但是随着滚灯不断出去展示展演，就会吸引一些爱好者加入进来。但是，耍滚灯其实也有一些难度，它对体能的要求比较高。我们吸收滚灯队队员，有进的，也有出的，有的人学了一个月、两个月，体能跟不上，就不学了。按照目前来讲，增加队员的速度不会很快，但是这支队伍逐步地发展，肯定是会扩大的，就这个趋势而言。

采访者：滚灯队人群扩大是很重要的，但是我觉得关键还是要提高他们的传承水平和能力。这里核心的人物，现在是汪妙林，但是汪妙林毕竟七十五岁了，那么在他后面，你觉得还可以产生像汪妙林这样的一些代表性传承人吗？

张长发：我觉得可以。首先是汪妙林的家族中，他的儿子，目前来讲，已经掌握了滚灯的所有动作和技艺，动作做起来很流畅。整个西安滚灯队出去展示展演，他就是一个主力队员。

采访者：您说的是谁？

张长发：汪妙林的儿子。

采访者：叫什么名字？

张长发：叫汪永华。汪永华，汪妙林的儿子，他舞滚灯的技艺已经跟他爸爸差不多了，有的地方还超过了他爸爸。还有，像汪妙林的孙子，现在读高中，他也在耍滚灯，但他耍得不多，不过一些基本的动作已经学会了。汪妙林已经传给他了。所以说在汪妙林的传承谱系当中，我们已经看到了三代，这是很全面的。另外，通过汪妙林家庭传承的辐射，西安滚灯队的一些队员也产生家族传承的情况，父母在耍，儿子和孙子受引导、影响，也会加入进来。所以这个传承谱系应该还会延续下去。

采访者：好的。希望余杭滚灯从翁梅出发，能够在翁梅，在南苑这里，得到更好的发展壮大，取得更加出色的成绩。谢谢您接受采访！

张长发：不客气！

六、汪妙林同事、滚灯制作艺人莫德兴访谈：为了将余杭滚灯发扬光大，我要想一切办法做下去

访谈时间：2019 年 12 月 5 日

访谈地点：杭州市临平区西安社区新苑东区

受访人：莫德兴

采访人：储敏超

采访者：莫老师，您好！您多大年纪的时候接触到滚灯？

莫德兴：那是在 1978 年，我二十三岁的时候，那个时候我们这里还是翁梅公社。有一天，公社文化站站长过来，不知他怎么知道我是篾匠，所以他叫我做只滚灯，好像是有一个老的滚灯，滚灯里面的芯子没有了，就是滚灯里面的小球没有了。当时，我跟他说："我连滚灯这个名称都不知道，因为没做过这个东西，可能就做不出来。"他说："做不出来不要紧的，这就是做个圆嘛。"他把做滚灯说成是做个圆。我想，反正就是做个芯子吧，也不拿报酬的，对不对？我就试试，最后把它勉强做好了。做好了嘛，后来过了一年，他叫我做大滚灯，说大滚灯要拿到杭州去参加演出活动。就这样，我根据做小球的做法，我帮他做了四个大滚灯，这种滚灯直径大约是 1.3 米。后来他们到杭州去参加滚灯演出，还得了奖。得了奖之后，滚灯就慢慢地在我们余杭发展起来了。

采访者：您是什么时候开始学做篾匠的？

莫德兴：我十五岁就开始做篾匠的，主要是做每家每户要用的东西。比如说，过去家家户户养蚕宝宝嘛，养蚕宝宝的大竹匾，还有箩筐、篮子、挑泥土用的土箕，反正竹制品，我都制作的。以前就人家定做什么东西，我就制作什么东西。

采访者：那您后来怎么就做滚灯了？

莫德兴：滚灯是在 1978 年弄起来的。当初我爸爸在公社农机厂，我的妹夫也是做篾匠的，我爸爸叫我们想办法把滚灯搞起来。我们以前拜师父的时候，是不做这个东西的。这个东西是没用的，不是每家每户要用的，对不对？以前我们翁梅每年有一个庙会要出会的，比如

说龙灯、马灯、大刀、滚灯都是要参加出会巡游，反正每年五六月都要弄一次的。后来停止了。到了1978年之后，又开始弄（恢复）起来了。以前出会都是大滚灯，舞很大的滚灯。

到了1990年，就改了舞蹈滚灯，余杭小百花越剧团他们搞（表演）的。那个时候，县文化馆罗老师跟我说，以前翁梅这里舞的是大

滚灯编制艺人莫德兴

滚灯，现在她在排练一个舞蹈滚灯，要我给她做小滚灯。这样，我就开始做滚灯了，大的小的都做。

那么到了 1999 年，是新中国成立五十周年，余杭滚灯要到北京去表演，大滚灯和舞蹈滚灯一起去参加，我就做了几只大滚灯和小滚灯。后来我们整个余杭区的二十四个乡镇，每个乡镇都在搞滚灯，他们都来要我做滚灯。这样我就越做越多了。甚至外面的人也来找我做滚灯，比如横店影视城、浙江金湖机械集团、温州明博集团，他们都赶过来购买我做的滚灯。

采访者：1978 年的时候，您是在做什么工作？

莫德兴：1978 年，我是在公社农机厂做工，我就是篾工嘛。农机厂有木工、篾工、车床工。农机厂的职工多是农民。我们是做篾工，做一些一般农民家用和生产用的东西，篮子、土箕、箩筐等等。这些竹器具，一路一路的用法不同，做法也不同。比如说我们这边用的篮子，跟塘栖那边的（篮子）是不一样的，到小林那边也不一样，所以我们要做各种各样的篮子。我十五岁就开始学做篾工。

采访者：您的篾工（手艺）是跟您父亲学的？

莫德兴：我当初小学毕业，后来初中也没读到，那个时候反正学点手艺也不错，对不对？我的父亲本来也是做篾工的，后来到翁梅供销社做了两三年吧，到十八九岁时，就到下沙去做篾工。那时候每个村都集中养蚕宝宝的，一个生产队里都是养蚕宝宝的，那他就去做养蚕宝宝用的大匾，做大匾，修大匾。后来到了二十一岁，他去了丹东机场。

采访者：那您小时候有看到您父亲做篾工吗？

莫德兴：我小时候没有看到我父亲做篾工。我跟你说，一九六几年的时候，那时候"文化大革命"，在家里做篾工都说是"资本主义尾巴"，所以我没有看到我父亲做篾工。"文化大革命"结束之后，就可以做篾工了，滚灯也是那时弄（恢复）起来的，就是我制作表演用的滚灯。

采访者：那您开始做滚灯的时候请教过其他人吗？

莫德兴：以前是找过的。我先问过篾匠老师傅，这个老师傅已经八十多岁了。五十年前，他三十岁左右的时候做过这个东西（指滚灯）。他说，他学过做过，后来不做这个东西的了，因为滚灯停止了，也就很多年不做了，不熟悉了。

采访者：就等于说您做滚灯的时候是没有看到滚灯的。

莫德兴：没有的。因为那时"文化大革命"刚刚结束。"文化大革命"的时候，什么东西都不好弄的，对不对？庙要拆了，庙会也停止了，滚灯也不能甩了，所以没有滚灯了。

采访者：就是说，当时翁梅乡文化站站长叫您来做滚灯时，没有一个模板的，那您是怎么把它做起来的？

莫德兴：还好，当时我通过寻找，看到在联民村还有一个大滚灯，以前留下来的。这个大滚灯里面芯子没有了，大滚灯里面肯定要有芯子的，芯子里面装灯的。这芯子没有了，所以文化站站长找我帮他做一个。一开始我不知道怎么做，后来汪妙林、蔡璋说："你就把它搞圆好了，不要根据五角形、六角形做，搞圆了，我们反正外面是包绸的。"他叫我一定要把这个东西做起来。他说，我们翁梅滚灯已经有八百多年历史了，现在一定要把它弄得跟以前一样的。到后来，我想一些办法，去问了四五个人。

采访者：您想了哪些办法？

莫德兴：我就在自己家里，今天弄弄，明天弄弄。白天在农机厂上班，晚上就搞这个东西。开始搞不起来，后来我去找一位做养蚕宝宝的蚕匾的老师傅。他在翁梅供销社工作的时候，我十五六岁，知道他是篾工。那么我是七月份去看他的，那个时候我二十三岁，他八十多岁了，他就住在翁家埠那边。我找到他以后，就请教他，他说："五十年前，我好像做过滚灯的，现在有点忘记了。"我问了他滚灯怎么个编织法，他把大概的步骤和方法给我讲了下，我就知道了。因为我本身是篾工啊，所以一听就基本懂了。

采访者：那您说说编扎滚灯的主要步骤。

莫德兴：这个滚灯，一般是先做一只五角星。把劈好的竹片摊在地上，要摊平，再把一只五角星做好。五角星做好了，再把一根一根竹片穿好，慢慢地圈成一个圆。如果有一根没穿好，后面就不行了，做不起来了。这个大小滚灯都一样的，都是用十根竹片编起来的。

采访者：现在一般我们演出用的滚灯直径是多少？

莫德兴：一般现在是95（厘米）至1米的直径，这是现在区文化馆出去演出用的滚灯。而汪妙林师傅这边，他的滚灯是直径1.2米。以前的滚灯大呀，以前滚灯最起码1.45米，他的力气大，最起码1.45米的大滚灯。现在都是1.2米、1.4米，他们也吃不消，以前的人力气大啊。

采访者：您做过最大的滚灯是多少直径？

莫德兴：最大的滚灯，我做过直径1.8米的，外面大圆（直径）是1.8米，里面芯子（直径）是1.2米。这个滚灯不是甩的，是做展览用的。我制作滚灯最大直径是1.8米。因为什么呢？毛竹是没有办法做到直径2米、2.5米的滚灯的。为什么没有办法做？因为一根毛竹就中间一段可以用来做滚灯，最长是两米。你做一只滚灯，肯定是用一根毛竹片的，不能用两根或者三根毛竹片接起来，接起来就做不圆了。滚灯做好肯定要很圆的，扁了不像滚灯的，对不对？

原翁梅乡文化站站长王宝林（左一）及文化局文化科长谭均华（右一）与莫德兴交流滚灯扎制技艺

采访者：您做的最小的滚灯是多大？

莫德兴：我跟你说，最小我做过直径 7 厘米的小滚灯。它是什么呢？龙灯的龙头上面不是有两个龙珠嘛，就是两个竹编小球。海宁搞灯彩的宋振华，他最有名，做过很多宫灯，萧山机场那只龙形灯也是他做的，可是他这个龙珠做不好。后来他从海宁过来要我做，我就做好了很小的两个球。还有布龙前面肯定要有绣球，这个东西也就是个小滚灯。

采访者：莫师傅，您知道甩滚灯有多少个套路动作吗？

莫德兴：这个情况我不大清楚，因为我是做滚灯的，我不会甩滚灯。不过我以前看见文化馆里有一本讲滚灯的书，看到滚灯这个套路是很多的，动作有九套二十七个动作的。有个动作叫什么"白鹤生蛋"，"白鹤生蛋"等于是一只滚灯，从下面推出去，就是白鹤下蛋了。具体我真的说不出来，汪妙林他说有九套动作。

采访者：那么做大滚灯除了外面的大圆，里面还有一个小滚灯。

莫德兴：是的，里面的芯肯定要有的。如果光外面滚灯一层，里面没有这个芯，就装不了灯了。滚灯过去都是晚上甩的，有灯就会发光。过去都是点蜡烛的，现在都用电子灯了，已经不用蜡烛了。所以，在做滚灯的时候，外面大滚灯做得差不多的时候，就要做好里面的小灯，把它装进去，否则外面做好了，这小滚灯就装不进去了。

采访者：那么做滚灯对毛竹有什么要求？

莫德兴：对毛竹是肯定有要求的。做滚灯的毛竹，一般都要长到六年。两年、三年、四年的毛竹是不行的，这样的毛竹太嫩，年龄大了又不行的。八九年的毛竹又不好了。最好是五年到七年的毛竹。做滚灯的毛竹肯定要讲究一点，山上的毛竹不是每根都很好的，比如说毛竹碰掉了皮的就不好，疤节太密了也不行的。这些毛竹做不了滚灯。做滚灯的毛竹，肯定是长度好，节比较长，要有弹性。像我们从小跟毛竹打交道，肯定是知道的，这根毛竹好不好用来做滚灯，对不对？

采访者：那请您具体讲一讲如何选好做滚灯的毛竹。

莫德兴：做滚灯，就做大滚灯，比如说我要做直径 1 米的滚灯，最好是选九寸围圆（围圆，即毛竹外围周长）的毛竹。1 寸约是 3.3 厘米，9 寸等于是 27 至 30 厘米围圆。毛竹是看围圆的，比如说这根毛竹，直径是 5 厘米，乘以 3.14，就有个十五六厘米围圆。比如说做 1 米直径的滚灯，或者 1.2 米的滚灯，最起码要用 30 厘米围圆的毛竹。因为毛竹上端小下端大，对不对？我比如说做（直径）1.2 米的滚灯，要用 4.5 米长的毛竹片做，那么毛竹从下端往上 4.5 米的长度，到 4.5 米这个地方，这毛竹围圆最起码要有二十六七厘米。因为这一段毛竹从下端到上端大小基本是均匀的。有些毛竹下面很粗，上端很细的，高度比如说有 10 米的毛竹，下端有 30 厘米围圆，上端只有六七厘米围圆，这支毛竹做滚灯就不经用，很麻烦的。所以要选上下粗细比较均匀的毛竹。

采访者：刚才您说最好是选围圆 9 寸的毛竹做大滚灯，这 9 寸围圆的毛竹除了比较均匀以外，它的厚度是不是也比较好？

莫德兴：我刚才说过了，这个尺寸的毛竹，比如有 7 米、8 米高了，下面的围圆比如说 30 厘米，从下面到上面有 5 米的地方，还有二十五六厘米，就比较均匀一点。那么这种均匀的毛竹，它的厚度也是一样的。毛竹是肯定下面厚，上面薄，越到上面越薄，对不对？所以主要是看毛竹竿的均匀，竹节要平。有些毛竹的竹节很凸出，就很难做滚灯，做不圆。

采访者：做滚灯除了上面一些对毛竹的要求外，还有其他的要求吗？

莫德兴：另外，毛竹肯定也要直。有些毛竹，被风吹得很弯的，很弯的毛竹就很难做的。还有砍毛竹、选毛竹，还跟季节有关系的。一般我们都是在下半年农历十月之后砍毛竹，（农历十一、十二月）这两个月毛竹最好。为什么？过年后，开春了，长笋了，毛竹里面的汁浆要往上输送。一般西北风一吹，到农历十月一过，毛竹汁浆都回下来，水分就少了。所以十月之后的毛竹，放得牢，储存时间长，里面的虫少，不会蛀。

采访者：通常的话，做一个滚灯需要多少材料？比如说汪老师表演用的这种滚灯。

莫德兴：像这种直径一米二三的滚灯，选择两根毛竹，毛竹一般围圆尺寸 30 厘米左右。做滚灯，一般毛竹距离根部 1.5 米的地方，竹竿围圆有 30 厘米左右，这样劈一根、两根，做一只大滚灯。上端竹梢头的，做里面的芯子。

说得具体点，做大滚灯肯定是用大毛竹做的。做小滚灯，比如说舞蹈滚灯，做到 30 到 35 厘米，有些做到 40、50 厘米，材料小一点也不要紧的。小毛竹了，围圆小了，劈成几根竹片做大滚灯，弄不好就碎掉了。所以做大滚灯肯定要大毛竹，小滚灯就不要紧。

采访者：那毛竹太大也不行？

莫德兴：太大？那要根据你滚灯的大小了。比如说想做 1.5 米以上的滚灯，那就是要大毛竹了。上次我们区政府要我做 1.8 米的滚灯，我就用 11 尺长的毛竹，下面围圆有 36 厘米，这样每段毛竹劈成四根。因为上面小了，做 1.8 米的滚灯，要六七尺长的长度的。上面一段毛竹，我把它劈 4 股，有 5.8 厘米的竹片，这样把它慢慢地卸掉了，这样才做得圆。

如果说上面弄个五厘米、四厘米，下面弄个六厘米，这样就做不圆了。我制作滚灯的竹片，如果是中型滚灯，毛竹肯定是下面大上面小，我这个竹片也是一样的。如果你上面跟下面都一样的，上面比如说 3.5 厘米，下面也有个 3.5 厘米，这样做就能做圆了。

采访者：那就是说毛竹不能太大，也不能太小。

莫德兴：一般是围圆 9 寸毛竹，10 寸毛竹。毛竹是看围圆寸数的，毛竹木头都是一样的，要看量出来的尺寸的。10 寸围圆的毛竹，一般这根毛竹的重量是 52 斤。可我刚才说了，这个毛竹有长短的，比如说上面跟下面长得紧一点，这根毛竹肯定要重，对不对？它这个分量就多了。这个 10 寸毛竹，52 斤，是最好的毛竹，做 1.2 米至 1.3 米的滚灯，那是最好的。

10 寸围圆的毛竹，就是指毛竹从下面到 1.5 米的地方的围圆。你量围圆是 3.3 厘米为 1 寸，33 厘米为 10 寸，不量直径了，量围圆的，长度也不看的。比如说这根毛竹，上面下面均匀，1.2 米的滚灯，最好是围圆 33 厘米左右，1.5 米的地方去掉外包皮，那就差不多了。

比如说现在这根毛竹，要选择在根部向上 1.5 米的地方，是不是有 33 厘米的围圆？如果是 33 厘米，就是 10 寸。因为什么呢？毛竹量尺寸是量 4 尺、5 尺高的位置，这样计算时节省。9 寸毛竹，如果是 30 厘米围圆，那才 40 来斤，就这样的。

采访者：那做滚灯的竹子与产地有没有关系？

莫德兴：我现在做滚灯的毛竹，最好的是安吉毛竹。安吉毛竹长得均匀，化肥用得很少。我要么选择安吉的毛竹，要么选择我们余杭的毛竹，就这两个地方的毛竹最好。绍兴、富阳、桐庐的毛竹，我们不喜欢的，这些地方的毛竹太硬太厚，韧性不足。

采访者：那做滚灯的竹片宽度是多少？

莫德兴：这个竹片宽度是 3.5 厘米至 3.6 厘米。一般 1.2 米直径的滚灯，用 3.6 厘米宽的竹片。

采访者：莫师傅，制作一只滚灯的话，有多少道工序？

莫德兴：制作一只滚灯，一道一道工序蛮多的，具体几道我也没算过。毛竹选好，是第一道。再根据滚灯大小，把毛竹锯开，是第二道。将毛竹表面的竹节刨光，然后劈成竹片。比如说这根毛竹要扎大滚灯，就是劈成六根竹片。六根竹片要选得一样大，每片上下两面一样大一样厚。选好竹片，要刨光，刨光最起码刨三次。毛竹材料全部弄好后，就开始编扎滚灯。刨好的竹片慢慢放到地上，一根一根穿好。穿好之后钉牢。大滚灯都有钉子的，在它每一个要钉钉子的地方钉一根钉，并用铁丝绑一下，这就不会散了。每一只滚灯都有钉子的，没有钉子，他们人站上滚灯，滚灯会坏的！所以，做好一只滚灯，不止十道工序。

采访者：这样做下来的话，做好一只滚灯大概要多少时间？

莫德兴：一个滚灯，比如说（直径）1.2 米、1.3 米、1.4 米的大滚灯，我三十多岁、四十岁的时候，一天时间就做好了。我有时候一旦做起来，就会一连做五六十个、七八十个滚灯。因为那时候是区里面下任务，我赶进度，一天做两个，没有办法，就怕赶不出来呀。而且那个时候我自己有个工厂，地方大，材料也多，这些材料是别人用汽车拉过来的，所以做起来就方便了。现在年纪大一点了，做起来速度就慢了，制作一只滚灯，要两天时间。

采访者：滚灯里面的芯子（即小球），它的做法和外面的大滚灯一样吗?

莫德兴：一样的。里面的芯子实际上就是一个小滚灯，做法是一模一样的。无非是小球直径小，所以材料比外面的大滚灯要细。做滚灯，不管是大是小，都是十根毛竹片。直径 1.5 米的大球，直径 20 厘米的小球，都是用十根竹片做，只是做小球的竹片宽度要小了。竹片的宽度是根据球的大小定的，所以事先要算好的。比如说我制作（直径）30 厘米的小球，就是用 1 厘米宽度的竹片，做（直径）34 厘米的小球，我一般用 1.3 厘米宽度的竹片。小滚灯、大滚灯一样的，大滚灯比如说我做 1 米直径的，竹片宽度是 3 厘米；我做个 1.4 米直径的，竹片宽度是 3.3 厘米；我做 1.5 米直径的，竹片宽度是 4.5 厘米。一般来说，竹片宽度是放三或收三，就是放大三倍，或者缩小到原来的三分之一，这样做起来正好。

竹片的厚度是靠自己掌握的，因为这与材料有关。有些毛竹比较硬，有些毛竹比较软，所以厚度要看毛竹的硬度来定的。制作灯芯，用小一点的毛竹也不要紧的。比如说（直径）1.2 米的滚灯，里面一般芯子直径 45 厘米，做好以后，外面还要包一层红的绸布，里面还要装电池灯，这样甩起来就有光亮了。

采访者：您刚才说滚灯里面小球用红绸布包，那我听说过去有用黑布包的，叫黑心灯。

莫德兴：这个黑心灯，以前我也听他们说起过，滚灯都是一样的，就是里面的小球包的布不一样，一个是用红绸布包，一个是用黑绸布包。用黑绸布包的，就叫黑心灯；用红绸布包的，叫红心灯。听说黑心灯是打擂台用的，比如说还有一个人比你力气还要大，甩的滚灯分量比你重，那这只黑心灯是可以被他抢去的。这个已经是旧社会时候的事情了，可能有上百年的历史了，后来没有黑心灯了。

采访者：那在滚灯制作过程中有些什么诀窍吗?

莫德兴：滚灯制作主要一个（诀窍）是材料要选好，再一个（诀窍是）要把材料刨得很光，很均匀，还有竹片的厚度要掌握好，这样做出来的滚灯才能做得很圆，如果不圆就不是滚灯了。

无论是做大滚灯，还是做小滚灯，一根竹片，上下两端要一样厚、一样宽。你如果这个材料上端厚下端薄，上端小下端大，这滚灯做出来肯定就不圆了，因为竹片不均匀嘛。所以做滚灯的毛竹片是很有讲究的。还有在编扎的时候也有讲究的，比如说这根竹片穿进去的时候就要十分注意，不能给它搞碎，搞碎了就做不圆了。比如说这根竹片，已经裂开来了，那也不行了。因为他们甩滚灯的时候，人要站到滚灯上面去的，你如果竹片裂开，人一站上去，那这个滚灯就裂开了，对不对？

采访者：那么长长硬硬的竹片要做成圆的滚灯，是不是要用火烧一下的，让竹片软化？

莫德兴：不要烧的，全凭自己这个手在做的时候掌握，这个就是技术。最主要的就是要用我的刀子、刨子把竹片弄好，弄光了，厚薄均匀，编起来就很圆的。这些活都是人用手工做好的。你像这个材料（指边上的一段毛竹），刚劈开的时候毛毛松松（不均匀）的，我先要把它劈得均匀，再放在凳子上的快口刀门上，把毛的竹片从刀门里拉过来，这样整根竹片就拉得一样宽了。因为这个快口刀门是用两个刀片固定在凳子上，两个刀片的距离是根据需要定好的，竹片从这个刀门里拉过，这样做滚灯的竹片就是一样宽度了。十根竹片拉好以后，再刨平刨光。我有把刀子的，是篾刀，把刀装紧在凳子上，再把一根根竹片拉光滑。拉光之后，再把每根竹片的两头削薄，这样弄起来就弄得圆了。如果竹片这两头不削薄，编扎滚灯时，穿起来的时候就不太好穿。削好以后，就开始作业，做出来滚灯就一样圆了。这样的做法，就是大小滚灯都一样的。

采访者：刚才您说到过做滚灯的时候要用钉子的，那么钉子钉在哪个位置有讲究吗？

莫德兴：钉钉子，在竹片上搞个洞，弄一根钉子钉就好了。钉哪个位置，这个没有要求的。比如说我做这个小滚灯，我开始不知道要钉在这个地方。因为我做五角星的时候，我这十根竹片不是一齐做的，都有长短的，竹片长长短短的。到开始做五角星的时候，再一根一根穿进去，到后来你这个头到我这个头带下来，带到在哪里我不知道的，总的（总体）圆都是知道的。总的圆度是我已经每一根竹上都有记号的，我有一个记号的。反正在哪个位置，具体我不知道，我做好了，反正下钉子。不确定的，这个不确定的。

现在我们通常大滚灯小滚灯都做的，其实我现在滚灯做得不多了，因为现在家里事情多了，小孩子（孙子）每天上学读书要我接送的，我的儿子、儿媳都在上班，所以做滚灯的时间少了。

采访者：莫老师，我们滚灯做好以后，大概有多重？

莫德兴：1.2米的滚灯，做好的时候，我估计25斤，后来毛竹水分干了嘛，分量就轻一点了。

采访者：我还有一个问题，就是说竹子砍下来以后，是马上去做，还是要让它干燥一下？

莫德兴：最好是存放一个月。新砍下来的毛竹，水分太多，做东西容易变质变形。毛竹新砍下来的，里面都是水分，做出来的滚灯会有四十斤重。所以山上砍下来的竹子，最起码放一个月，冬天是放一个月都不够。夏天不要紧了，夏天放十多天就可以做了。我们一般用的毛竹都是冬竹。因为农历十月过后的毛竹，可以存放半年。如果是六月份的毛竹，只能放一个多月，都要出毛病（问题）的。前年夏天，区文化馆叫我做滚灯，毛竹我选好弄好，因为天热了，做不了，等了一个月。因为六月份温度高，毛竹锯下来，太阳一晒就黄了，里面已经烂了。所以说我们选毛竹要选农历十月后的冬竹，这个毛竹我们可以放半年。

采访者：莫老师，现在这里还有其他人会做滚灯吗？您这门手艺传给您儿子了吗？

莫德兴：现在我们余杭滚灯，一般都是我制作的。我儿子没兴趣学这个了，（他觉得）毛竹好像很脏，不太想干。

我的想法就是这样的，我现在还会做，吃得消。比如说余杭滚灯，再十年二十年发扬光大的话，我肯定要想一切办法做下去。儿子、孙子他们对这个不大有兴趣。像去年，我的孙子在家里，我叫他弄弄看（指编扎滚灯），我孙子先做个五角星（做滚灯的开始步骤）看看，编来编去也编得不像样。

采访者：莫老师，做滚灯时是不是需要有人帮一下的？

莫德兴：做大滚灯要帮一帮，为什么呢？因为这个竹片厚，一个人弄不上来，拉不起来。这帮手是不要技术的，帮我扶一下就好。我上次做1.8米直径滚灯的时候，叫两个人来帮忙，帮我扶好，不扶好，一放掉就散掉了，对不对？我穿进去，你把它扶好，只要半个做好，就不要紧了，后半个就可以一个人做了。

采访者：学习编扎滚灯难不难？

莫德兴：如果你没有一点篾匠技术，一点不懂的，那就比较难了。如果说你是做篾工的人，学会是容易的。本身做篾工的，基本技术是有的，就是窍门不懂，做法不懂，那就只要掌握做滚灯的窍门就好了。

采访者：莫老师，还有个问题，就是大滚灯里面有个小滚灯，那么是大滚灯先做，还是小滚灯先做？

莫德兴：一般是大滚灯先做。比如说这个 1.2 米的滚灯，45 厘米的芯子（即里面的小滚灯）做好了放进去。像文化馆里 95 厘米直径的滚灯，里面做 50 厘米的芯子，这个芯子就要先做好，再做大滚灯。因为 95 厘米的大滚灯全部做好后，这里面 50 厘米的芯子放不进去的，没有办法放进去。95 厘米直径的滚灯，如果里面的芯子 35 厘米大小，那先做好大滚灯，可以塞进去，这个洞能塞得进去。

采访者：莫老师，最后一个问题，就是我们制作滚灯要用到哪些工具？

莫德兴：制作滚灯要用的工具是很多的，光刀子就有很多种了。篾刀，就是钩刀，有弯钩的；弯刀，弯刀就是月亮形的弯刀；刮刀；刮刨，就是刮竹子的刨子；蓟门①钻子，以前用人工拉钻子，现在有电钻了；夹头，比如说毛竹，把它夹牢了，在毛竹上打洞就不会滚动了。工具有很多，肯定要用许多工具才能把滚灯做好了。另外锯子是肯定要的，锯子是锯毛竹用的。

---

① 蓟门，由两片刀片相对固定在木板凳上，刀刃向内，形成一个门状。竹片经过蓟刀，可削除超过刀片宽度的部分，起到统一竹片宽度的作用。

附 录

汪妙林大事年表

汪妙林，浙江省杭州市临平区南苑街道西安社区人，一直在家务农，从小喜爱滚灯，掌握滚灯表演整套动作，是国家级非物质文化遗产（余杭滚灯）代表性传承人，获得省文化和旅游厅颁发的"非遗薪传奖"。

1945年	出生于浙江省杭县翁梅乡西安村（今杭州市临平区南苑街道西安社区）。
1952年	就读翁梅小学。每天放学回家后，割完羊草，就摆弄滚灯。
1959年	在翁梅中学就读。一年后辍学，在家务农。
1961年	开始向父亲和叔叔学习舞滚灯。
1964年	经过三年多的刻苦练习，已经能舞滚灯全套动作，还能站在板凳上舞滚灯。国庆节，参加县城庆祝新中国成立十五周年民间艺术踩街活动，第一次在大型活动中表演滚灯。
1965年	开始学做泥水匠。每天做工回家后，坚持与村里的小伙伴一起练习滚灯。
1966年	"文化大革命"开始，滚灯被当作"四旧"遭禁锢。他将一只滚灯藏在家里，偷偷练习。
1967年	结婚成家，后生有一女二子。
1979年	改革开放后，民间艺术逐渐恢复，将藏在家里的滚灯拿到村晒谷场进行表演，受到群众欢迎。
1980年	在翁梅乡文化站组织下，翁梅乡滚灯队成立，担任队长。

1984年	浙江省军区司令员到翁梅乡西安村检查村民兵俱乐部建设，为司令员作滚灯表演，受到司令员称赞。
1996年	随翁梅滚灯队赴杭州柳浪闻莺公园，参加中日友好民间联欢活动，为期一周。滚灯表演受到日本友人称赞。
2001年	收当地四个青年妇女为徒，传授滚灯技艺，开创农村妇女舞大滚灯的先例。
2007年	获"余杭区民间文艺家"称号。发起组建西安村滚灯队，担任教练。
2008年	赴上海奉贤参加江浙沪滚灯交流活动。
2009年	被浙江省文化厅（今文化广电和旅游厅）认定为省级非物质文化遗产（余杭滚灯）代表性传承人。被浙江省委宣传部、省文化厅、省文联确定为首批浙江省"优秀民间文艺人才"。重新成立西安滚灯队，是发起人之一，并担任教练。
2012年	被文化部（今文化和旅游部）认定为国家级非物质文化遗产代表性传承人。
2017年	帮助临平山驻军部队组织战士滚灯队，传授滚灯技艺。
2018年	每周一次，向临平第一中学学生传授滚灯技艺，成立学生滚灯队。
2019年	参加浙江省非物质文化遗产节传统舞蹈会演。被省文化和旅游厅授予浙江传统舞蹈传承"特别贡献奖"。

后　记

　　"掷烛腾空稳，推球滚地轻。"——滚灯，无论是在原来的余杭区，还是在新设的临平区，都是这方土地上知名度很高的一个文化符号，也是临平风物的重要代表。因此，当编写余杭滚灯传承人汪妙林口述史书稿的任务交给我的时候，我便欣然答应了。

　　在编写这本书的时候，我脑海中时常闪现出一些与滚灯相关的旧事。

　　这里的滚灯，因发源地而冠名，在 20 世纪 90 年代前，称"翁梅滚灯"。翁梅曾经是一个乡，位于临平城区东南，如今已经改制为临平区南苑街道。翁梅这个地方，原先紧挨着钱塘江，当地老百姓就利用钱塘江滩涂晒盐制盐。传说，翁梅滚灯，就是因为这里盐业发展后，村民为了抗击海盗入侵而制成的一种"新式武器"。从此，舞滚灯习俗代代相传。

　　我清楚地记得，20 世纪 90 年代初，记忆中是 1991 年的春天，当时的余杭县文化局在莫干山召开了一次"特色文化品牌建设"讨论会，就余杭县突出一项民间文化作为特色在全县发展，请有关单位和乡镇文化站干部参加座谈。在会议上大家提出了许多有特色的民间艺术项目，诸如鸬鸟鳌鱼灯、大陆乡的花灯、仁和的高头竹马等，但最后还是确定以体现力与美结合、舞蹈与竞技相融的滚灯，作为余杭县特色文化品牌进行培育发展。从此，滚灯在余杭有了一个统一的名称，曰"余杭滚灯"。现在回想起来，当时余杭县文化局的这一决策，确是高明之举，是推动古老的滚灯艺术得以不断传承发展的有力举措。

　　诚然，翁梅滚灯的传承发展，除了外部因素推动外，内因是最主要的因素。作为一项非物质文化遗产，它的延续弘扬，传承人尤其是代表性传承人的作用是无法替代的。出生于滚灯世家的汪妙林，从他祖父、父亲和小伯手中接过传承滚灯的接力棒，再把自己一身舞滚灯的技艺传授给儿子、孙子，一家五代人爱滚灯，舞滚灯，传滚灯，可谓不可多见。尤其是汪妙林，把舞滚灯作为他生活的一部分，无论多忙多累，只要甩几下滚灯，心里就舒坦。这种将手中的技艺融入自己血脉中的情怀，不能不让人感叹和敬佩！

我认识汪妙林，也是因为非物质文化遗产保护工作的兴起。第一次见到他时，他已经年近七十，可是他那高大的个子、硬朗的身板、鼓鼓的手臂肌肉，就给我一个明显的感觉：这是一个舞滚灯的汉子。

这次，我作为学术专员，参加国家级非物质文化遗产代表性传承人汪妙林口述史的访谈活动，再听他讲滚灯、讲人生，从中更深切地感受到，他对滚灯的一腔热忱，对传承滚灯技艺的执着与专心。尤其是他就传承滚灯提出的三条意见——坚持用传统的大滚灯、原汁原味地传承、要有阳刚之气——给我留下了非常深刻的印象。在这次访谈中，汪妙林反复强调这三点。我作为非遗工作者，非常理解他的一番用意，因为他最担心的是传统的大滚灯以及九套二十七个动作会慢慢失传。这是一位老滚灯传承人的真心诉求，也是老滚灯传承人最大的心愿。

编写这本书的过程，也是我对滚灯、汪妙林以及其他滚灯爱好者进一步了解和熟悉的过程。为了让书稿更具可读性，在小标题、内容结构等方面作了一些思考和安排，也得到了汪妙林的大力支持。

由于水平所限，书稿在研究论述、文字处理等方面恐存诸多疏漏和不妥，恳请方家和读者指正赐教。

陈顺水

2023 年 10 月

图书在版编目（CIP）数据

浙江省国家级非物质文化遗产代表性传承人口述史丛书. 余杭滚灯：汪妙林卷 / 郭艺主编；陈顺水编著. 杭州：浙江人民美术出版社，2025. 6. -- ISBN 978-7-5340-6119-6

Ⅰ. K825.7

中国国家版本馆 CIP 数据核字第 2025Y9S320 号

责任编辑：张金辉
责任校对：董　玥
责任印制：陈柏荣

浙江省国家级非物质文化遗产代表性传承人口述史丛书
余杭滚灯　汪妙林卷

郭　艺 主编　　陈顺水 编著

出版发行：浙江人民美术出版社
　　　　　（杭州市环城北路177号）

经　　销：全国各地新华书店
制　　版：浙江新华图文制作有限公司
印　　刷：杭州佳园彩色印刷有限公司
版　　次：2025年6月第1版
印　　次：2025年6月第1次印刷
开　　本：787mm×1092mm　1/16
印　　张：11.5
字　　数：230千字
书　　号：ISBN 978-7-5340-6119-6
定　　价：88.00元

如发现印刷装订质量问题，影响阅读，请与承印厂联系调换。